TROIS MOIS
A
MONTMORENCY.

PARIS. — IMPRIMERIE DE BOULÉ, RUE COQ-HÉRON, 3.

TROIS MOIS

A

MONTMORENCY

LETTRES

D'UNE DAME A LA PRINCESSE DE ***

A PALERME,

PAR LE MARQUIS DE SALVO.

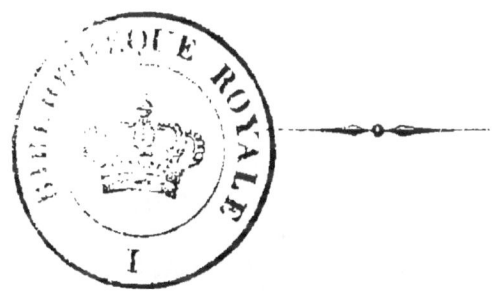

PARIS
AU COMPTOIR DES IMPRIMEURS-UNIS,
COMON ET COMP.,
QUAI MALAQUAIS, N° 15.

1846

Paris, ce 15 juillet 1845.

CHÈRE PRINCESSE,

Vous craignez d'être importune en exigeant de moi une promesse formelle de vous écrire à chaque fois que part le courrier du ministère pour Naples. Au lieu de m'en plaindre, je me trouve heureuse de contracter un tel engagement, et vous pouvez y compter. Le désir que vous m'exprimez ne peut que me flatter comme témoignage de votre amitié, à laquelle j'attache un prix véritable et *sans phrase*. Pourrai-je cependant espérer de recevoir de vos nouvelles aussi régulièrement que je vous donnerai des miennes? Cet *Eldorado* de l'*Olivuzza* où vous vous laissez bercer par un fluide magnétiseur qu'on appelle l'*aura suave*, dont Palerme et ses campagnes ont seuls le secret, peut vous rendre égoïste sans faire tort à votre cœur. Égoïste comme on ne peut pas l'être dans aucun autre pays, où on accepte la responsabilité des sentimens; tandis qu'en Sicile le climat se charge d'en absoudre certaines fautes.

Je suis tentée de croire que ce qu'on reproche aux personnes qui vivent dans les différentes latitudes du nord n'est pas imputable à celles qui naissent sous un ciel doux, chaud, capable d'enivrer les sens et de les plonger dans la volupté d'inaction, tel que celui de la bienheureuse Sicile. Mais ma doctrine, je vous le déclare, n'est pas applicable à vous; si même elle pouvait être adoptée comme principe, je vous rangerais toujours parmi les exceptions.

Votre bienveillance habituelle me donne l'espoir que vous voudrez bien répondre à chacune de mes lettres, et c'est à vous seule que reviendra le mérite d'une telle exactitude; car l'empressement que j'aurai mis à vous écrire sera plus que payé par le bonheur que j'éprouve à m'entretenir avec vous.

J'ignore si la première lettre, après

celle-ci, sera datée de Paris ; je compte bientôt ou faire un petit voyage, ou aller à la campagne; mais le lieu ne changera rien à mon affection et à l'empressement que je mettrai à remplir ma promesse. J'espère que bientôt nous parviendrons à avoir des télégraphes électriques de Paris en Sicile (puisqu'on propose au ministre des travaux publics un chemin de fer de Paris à Pékin), alors je pourrai avoir de vos nouvelles en moins de temps que je n'en mets à vous dire combien je vous aime.

Montmorency, ce 7 août 1845.

J'attendais un beau jour pour quitter Paris... Attendre un beau jour au mois de juillet... cela paraît une ironie, un mauvais sarcasme ! Et cependant c'est un fait positif ! L'année de grâce de 1845 a entièrement oublié qu'en été il faut qu'il fasse beau et chaud. Comme si on n'avait pas eu assez d'un hiver ignoble et inconvenant pour une ville telle que Paris, chef-lieu de tout ce qui est beau, délicieux, ravissant, l'hiver, s'est prolongé jusqu'à la fin du printemps; il continue en été; tandis qu'une de mes amies m'écrit qu'on trouve l'Italie à Stockholm, et que les journaux écossais nous mortifient en nous annonçant le thermomètre Réaumur à 20 degrés; où? à Édimbourg!!

Mais, de nos jours, a-t-on le droit de s'étonner de quelque chose?... ne sommes-nous pas familiarisés avec l'extraordinaire!... Enfin, le quatre août le soleil s'est montré... un peu timide, il est vrai, mais du moins avait-il sa physionomie d'été. J'en ai bien vite profité pour m'éloigner de Paris, regrettant de n'avoir pu le faire deux mois plus tôt.—Lorsque le printemps touche à sa fin, on est si impatient de quitter

> Quelle splendide prigioni
> Che si chiamano città,

que je comprends parfaitement les personnes qui se font un cas de conscience de ne pas se trouver en ville pendant l'été, et celles qui s'empressent de se justifier si au mois d'août on les rencontre dans les rues de Londres, comme si par cela seul elles étaient coupables du crime de lèse-convenance contre le bon goût.

La campagne, dès que la végétation commence, dès que l'atmosphère s'annonce douce et bienfaisante, devient l'enchanteresse de la vie. Il y a un moment où, fatigué de tous ces plaisirs de serre chaude qu'on va chercher, l'hiver, dans les salons dorés où l'on étouffe et à la porte desquels on est surpris par le rhume, quand on a pu échapper à l'asphyxie, on s'empresse, dès que le ciel le permet, de s'échapper à la campagne, comme un malade qui désire sortir de sa chambre et respirer l'air frais dont il a été privé.

Le cachet de la monotonie, conséquence forcée des plaisirs factices, se reflète dans tous les objets, et devient tellement envahissant qu'il *narcotise* parfois les facultés morales. En dépit de toutes les peines qu'on se donne, l'artificiel ne satisfait jamais, tandis que le naturel et le charme des jouissances simples captivent, malgré eux, ceux mêmes qui n'en font pas beaucoup de cas.

Dans toutes ces soirées splendides, on est rarement dans le vrai, ce qui fait qu'on ne croit à rien. On y trouve d'adorables mensonges, mais l'atmosphère y est parfois viciée, et on se ressent de l'action du faux, c'est pourquoi il y a fatigue ! Avant même de se rendre à ces réunions où les plaisirs nous attendent, on a passé en revue dans son imagination tous les objets qu'on doit rencontrer, on a éprouvé d'avance les impressions qu'ils doivent produire; on connaît, à peu près, les phrases qu'on peut échanger, la place qu'on choisira; on se représente le fauteuil et le canapé qui doivent être occupés par telle ou telle personne exclusivement, et on va au bal avec son programme fait des connaissances qu'on doit approcher, de celles qu'on doit gracieusement esquiver. On s'étudie à être aimable, mais surtout *fashionable;* on juge avec légèreté, on est jugé de même, on est ou trop sévère ou trop indulgent, sans garantir ni sa pensée, ni sa parole. Tout ce manége cependant fait le bonheur de beaucoup de gens. C'est que l'amour du monde, avec ses exigences et son code, devient une habitude facile qui finit par se changer en besoin (1).

---

(1) Ce besoin, pour certaines personnes, domine tout, au point de maîtriser quelquefois la frayeur même de la mort. On m'a raconté qu'en 1804, la comtesse Sc..., qui habitait Naples depuis plusieurs années, avait tellement

Il n'y a rien de plus aristocratique qu'un ennui de convenance, et parmi tant de sacrifices que l'aristocratie a faits, elle n'a pas encore consenti à celui-ci ; de là vient la peine qu'on éprouve à se détacher de la ville pour habiter la campagne. Je conçois pourtant que pour

---

l'habitude de passer ses soirées avec le monde qu'elle recevait, et surtout avec les membres du corps diplomatique et les étrangers, qu'étant tombée gravement malade, affectée d'une hydropisie pulmonaire, malgré son âge fort avancé, ne voulut jamais quitter son fauteuil, pour ne pas se priver de sa société. Un jour son médecin l'avertit qu'elle ne pouvait compter que sur quelques heures de vie. On s'attendait à ce qu'elle renonçât ce jour-là à voir ses habitués, pour s'isoler et se préparer dignement à sa fin ; mais la comtesse ordonna de recevoir son monde comme à l'ordinaire. Elle se fit conduire dans son salon, s'occupa de faire préparer les tables à jeu ; et, lorsqu'elle vit toute sa société réunie, elle dit : « Messieurs et » mesdames, c'est mon dernier jour de réception. »

les véritables habitués des salons de Paris, et en général des plaisirs du monde, la campagne soit un embarras. Lorsqn'on n'a pas de rôle à jouer, on éprouve le malaise d'une nouveauté qui ne convient pas. Or, il y a des personnes à qui, pour être aimables, il faut ce qu'on ap-

---

Avant la fin de la soirée, elle avait expiré sur son fauteuil.

A Munich, madame la comtesse de L..., presque octogénaire, avait l'habitude de se coucher tout habillée en grande toilette, séant dans son lit, pour pouvoir recevoir les visites de grand matin; madame de Staël, qui avait entendu dire cela, voulant s'assurer de la vérité, se fit annoncer chez la comtesse à sept heures du matin : elle la trouva mise avec une admirable recherche, ce qui lui fit dire : « J'ai vu une dame pour laquelle il n'y a jamais de déshabillé. » Mais ce qui étonna le plus madame de Staël, ce fut l'amabilité et l'esprit que la vieille comtesse déploya dans la conversation avec l'auteur de *Corinne*. On peut dire qu'en mourant elle monta au ciel en grande toilette.

pelle les aisances du bon ton, la recherche dans tout ce qui les entoure ; il leur faut des gens qui causent avec esprit, d'autres qui écoutent avec admiration ; il leur faut les nouvelles de chaque jour, de chaque heure, les visites indispensables, les messages quotidiens, le bulletin de certains événemens, et surtout de tout ce qui regarde les Chambres, la Cour, les ministres, etc., toutes ces émotions, en un mot, qui composent la vie journalière de la société, ou pour mieux dire, des gens du monde.

Autrefois on ne demandait que de la grâce et un certain esprit pour être remarqué et apprécié dans le monde, maintenant il faut qu'on soit plus ou moins politique, plus ou moins ministériel, pour avoir de l'importance. On ne se soucie pas de plaire, mais on veut en imposer. Il y a d'autres personnes auxquelles il faut le tumulte, la quantité d'objets qui à chaque jour reproduisent les sensations de la veille : la vue des beaux magasins, les cafés richement décorés, des équipages élégans, de jolies toilettes, de jolies femmes, les lions et les lionnes, et tout ce kaléidoscope qui agite, remue, étourdit. Le silence de la campagne, les sombres profondeurs de la forêt avec ses chênes, ses sapins, ses peupliers muets ; cette vallée sans écho, cette atmosphère sans autres parfums que les fortes émanations de la sève, ces solitudes où il n'y a ni objet d'art, ni exposition, ni spectacle, ni femmes élégantes, ni affaires de

Bourse, ni causeries politiques, en un mot, cet ensemble ravissant, éloquent, prestigieux pour tant d'autres, n'est pour les personnes qui aiment le monde et la ville, que le vide, le désert, l'absurde!

Et voilà, chère amie, que je me résigne volontairement à l'absurde, en courant avec ardeur vers cette campagne de Montmorency que je vois à travers le prisme de toutes les jouissances qui s'accordent avec mes goûts.

Je me dis souvent : Que de fois, et aux yeux de combien de gens dois-je passer pour *simple!* et vous savez ce que ce mot signifie. Je ne m'en étonne pas, et je trouve bien naturel ce jugement à mon égard, qui autorise le mien à l'égard des autres.

Je suis arrivée à Montmorency un peu tard, mais à temps encore pour jouir des admirables beautés de la forêt. Qu'elles étaient grandioses les ombres projetées par ces groupes d'arbres de l'Ermitage, qui se présentent comme premier tableau aux personnes arrivant de Paris. On peut dire que l'Ermitage est l'enseigne aimantée de Montmorency; il attire les curieux de toutes les classes, ceux qui aiment, ainsi que ceux qui n'ont point de culte pour les souvenirs. Jean-Jacques était un homme populaire, il avait exprimé dans un magnifique langage des idées nouvelles, hardies, généreuses et fécondes, il avait fait le sacrifice de son bonheur à ce qu'il croyait être la vérité, il avait écrit le *Contrat social*, il avait copié de la musique pour vivre. Voilà assez de titres pour le peuple. Si on ne le comprend pas, on l'aime, parce que le peuple sait qu'il était des siens.

Lorsque je suis rentrée dans la maison que nous avons louée et dont dépendent un petit jardin, un joli potager et quantité de fleurs, il faisait déjà sombre. A demain mes premières courses, si le temps continue à se repentir d'avoir été mauvais. Mais comme demain est le jour du courrier de Naples, je n'ai pas voulu manquer à ma promesse, et je trace à la hâte ce peu de lignes que je date de Montmorency, où j'espère recevoir bientôt de vos nouvelles.

Montmorency, 15 août 1845.

Chère P...

A la campagne, on aime emprunter sa joie à la joie de la nature ; une belle journée, c'est la bonne nouvelle qu'on apprend à son réveil, lorsqu'on recommence à vivre et à prier. Le soleil a la parole de Dieu, qu'il transmet à la création dès qu'il paraît, et les cœurs qui aiment la répètent, et les cœurs qui souffrent l'écoutent, et la pensée qui croit la traduit. Oh! qu'elle est éloquente cette parole, lorsqu'on est à la campagne, et qu'on a devant soi de vastes et magiques tableaux, où se découpent tant d'objets différens, chacun avec son cachet et son prisme; où l'œil, après les avoir parcourus, va rejoindre cet horizon lointain, qui symbolise l'abîme, en traçant la dernière ligne du fini!... Là, plongés dans une vague méditation, nous croyons saisir ce qui nous échappe lorsque nous voulons connaître le grand secret des choses créées, par le moyen de la pauvre et prétentieuse raison! — J'attendais avec anxiété ce beau soleil qui domine la nature, mais dès le lendemain de mon arrivée à Montmorency, le mauvais temps que j'avais laissé à Paris a triomphé ! Chaque jour l'espoir d'un ciel pur s'évanouit, et quoique Montmorency ne se soit pas voilé de tristesse pendant toute cette semaine où l'atmosphère a été agitée, turbulente, fantasmagorique, où le vent du midi a amoncelé des masses de nuages noirâtres, et menacé d'ébranler ces arbres cyclopéens de la forêt ; quoique la brume qui n'a cessé d'envelopper la vallée, ses villages, ses coteaux et ses prairies, ne lui ait pas entièrement ôté son aspect vivant, je désire, en vérité, sortir de cette longue épreuve de résignation. Je voudrais goûter une jouissance complète. Il me semble qu'au mois d'août ce n'est pas se montrer trop exigeant que d'aspirer à quelque belle journée sans rancune. Rien qu'à voir l'été vieilli, privé de chaleur et de sourire, sans abandon et sans joie, mon âme a été saisie d'une certaine mélancolie, qui n'est ni douce, ni rêveuse, mais âpre et intolérante, et si parfois je parais résignée et même satisfaite, c'est qu'il me semble que les arbres ou vieux ou jeunes, la vigne qui pare la colline, les blés qui attendent d'être dorés par la lumière de l'astre puissant, les fruits, les fleurs, dont je suis entourée, les hommes que je rencontre, les brebis que je vois brouter dans les champs, tous dans leur propre attitude, avec leur physionomie spéciale, partagent le malaise que j'éprouve. J'ai remarqué, pendant ces jours d'orage, une expression de tristesse commune à tous les êtres créés, et si l'homme seul se montre quelquefois insensible, son mépris ou son indifférence ne sont que l'ironie de son orgueil. On a besoin de soleil, on a besoin de calme, on a besoin de louer et de bénir le Créateur : tout ce qui vit paraît supplier le ciel qui se réserve le monopole du sort de la terre, et la terre elle-même semble indignée de voir manquer les promesses de la saison ! Il y a, parmi toutes les organisations qui se tiennent par la loi dominante confiée au mystère de la création, une analogie de langage qui nous parle de l'harmonie générale. Ce langage, rarement saisi et nullement expliqué par notre intelligence, est toujours compris par notre âme.

Le mauvais temps entremêlé de quelques heures de relâche, et mitigé par une atmosphère bien douce, m'a permis pourtant de faire quelque longue promenade. Après avoir traversé la forêt, et rempli mes premiers devoirs comme nouvellement arrivée, j'ai tâché de faire connaissance avec les sentiers qui mènent aux endroits les plus pittoresques. J'ai voulu, en même temps, me familiariser avec les rues de Montmorency, qui descendent du haut de la colline jusqu'au fond de la vallée, parées de magnifiques jardins, dont les arbres gigantesques et les fleurs éblouissantes donnent constamment au pays un air de fête.

En parcourant une longue rue flanquée par une vieille muraille, tout près de l'église, je fus frappée en apercevant à quelque distance, dans l'enclos d'un parc, les restes d'anciens monumens gothiques; et comme après avoir remarqué le haut d'une porte ogivale, je crus entrevoir aussi une grande façade, surmontée de niches angulaires, de chapiteaux, de rosaces et de petites statues, qui témoignaient du moyen-âge, je fus enchantée de ma découverte. Connaître ces ruines imposantes dans un encadrement si pittoresque, au milieu d'une belle décoration de tilleuls, de trembles, de cyprès, d'acacias, devint l'objet dominant de ma curiosité. Dans l'ignorance de tout ce qui se rattache à l'histoire de Montmorency, je supposai qu'elles devaient appartenir à quelque ancien château des ducs de ce nom, ou à quelque cathédrale détruite à l'époque où l'on détruisait tout, jusqu'aux cadavres, pour les punir d'avoir été les corps de princes ou de rois! Férocité incomparable dont l'humanité doit frémir, et que par malheur on ne pourra plus effacer des annales des peuples qui en ont été coupables!

Ce qui me confirma dans l'idée que ce lieu devait renfermer quelque monument intéressant, ce fut en traversant une petite ruelle, de me trouver en face d'une porte, construite dans le style le plus fleuri de l'architecture ogivale. Les ornemens en étaient riches et d'un travail admirable, la forme n'avait rien à envier à celles qu'on admire le plus en Angleterre, en Italie, en France, en Allemagne ; les statuettes, qui paraissaient parfaitement conservées, présentaient le caractère du treizième siècle, et la ciselure témoignait du goût le plus irréprochable. La vue de cette porte me remplit de joie : j'avais trouvé à Montmorency le moyen-âge, auquel j'ai voué un culte d'enthousiasme, non à cause de la perfection de l'art, mais pour sa poésie qui élève la pensée et qui parle à l'esprit par les symboles de la vraie croyance. Étudier, admirer, copier l'ancien, pendant que j'allais savourer les délices d'une campagne ravissante, tel fut le rêve qui occupa ma pensée. C'était plus que je n'avais espéré ; mon ambition se bornait simplement à jouir du spectacle d'une belle nature champêtre, et, sans m'y attendre, j'avais rencontré à Montmorency les séductions de l'art. Les plaisirs de l'imprévu ont le pouvoir incontestable de nous rendre heureux par surprise, avec plus ou moins de force, plus ou moins de durée. « *Il n'y a rien de certain que l'imprévu.* » Ce mot, de M. de Talleyrand, est heureux.

Il y avait plus d'une demi-heure que j'examinais ce monument mystérieux, placé à l'entrée d'un jardin, qui paraissait isolé ; mais dès que j'eus remarqué quelques fragmens d'architecture en plâtre, je pensai qu'une partie de l'ornementation qui appartient au style ogival, les statues et les colonnes pouvaient bien n'être que d'habiles modelages exécutés sur des monumens originaux. Ma curiosité me donna le courage de sonner ; la porte s'ouvrit : un garçon de douze à treize ans, avec les manières les plus aimables, la courtoisie la plus franche, m'engagea à entrer. Je fus heureuse de me trouver dans un lieu qui était devenu pour moi un problème à résoudre. Je demandai au jeune homme la permission de visiter le jardin, il me l'accorda avec tant d'obligeance que je pensai qu'il me serait facile d'y esquisser quelques dessins, ainsi que j'en éprouvais le désir. Le jeune M. Denoyers, fils unique de M. Denoyers, bibliothécaire du Jardin-des-Plantes, et propriétaire de l'endroit, ravi je crois d'être mon cicérone, et de représenter son père absent, voulut m'accompagner. S'acquittant à merveille de son rôle, il s'établit entre nous, sans préliminaire, une espèce de sympathie qui m'encouragea à lui adresser toutes sortes de questions, auxquelles il eut la complaisance de répondre.

Le jardin de M. Denoyers ne ressemble à aucun autre ; on dirait que le moyen-âge et la renaissance y ont voulu déposer les échantillons de leurs monumens pour servir de modèles afin de les étudier et de s'instruire. Tout ce qu'on y voit rappelle tout ce qu'on a vu ; mais où ? à Pise, à Padoue, à Milan, à Chartres, à Reims ? on ne peut pas l'assurer. On sent cependant que tous ces vestiges rappellent de vague souvenirs, et on est charmé, en quelque sorte, de ne pouvoir y rattacher aucune idée précise et de n'y retrouver que des ressemblances confuses. Le tâtonnement de la pensée dans les reminiscences est un voyage à travers le passé qui nous fait toujours plaisir, à moins qu'on y rencontre des regrets assoupis ou des larmes cachées !

La nature à laquelle on a confié le dépôt de ces ruines s'est chargée de les parer de tout le prestige des arbres les plus poétiques. Maîtresse dans le choix de ses moyens, elle a tellement entrelacé des branches les plus bizarres les décorations de ces beaux restes, elle a tellement voulu rivaliser avec la richesse de leurs ornemens par le luxe des siens, et répondre aux efforts de l'art par la magie de sa création, que dans le contraste, s il pouvait y avoir de la rivalité, le génie de l'homme se trouverait vaincu ! Mon étonnement allait *crescendo*, à mesure que je parcourais les différens endroits du jardin. Tantôt je m'approchais des objets pour admirer le travail exquis des détails, tantôt je me plaçais à une certaine distance pour jouir de l'effet de l'ensemble qui avait du mystérieux et du grandiose, et alors je me disais : Qu'il est beau de poser parmi les ruines ! La pensée qui plane à travers les siècles nous révèle quelque chose d'immortel, quelque chose qui agrandit l'homme lorsqu'il en est pénétré ; car le passé se réfléchit dans le présent, celui-ci dans l'avenir, et le tout dans l'éternité.

Voulant éclairer mon ignorance, je demandai à mon aimable cicérone si les restes de tous ces monumens appartenaient à l'ancien château ou à d'anciennes églises de Montmorency. Le jeune homme me dit qu'effectivement dans tout ce que nous voyions, il y avait d'ancien le mur d'un vieux couvent de religieuses, la chapelle, et l'escalier qui montait au clocher, et qui maintenant mène à une petite chambre, quelques colonnes et quelques ogives, ainsi que quelques morceaux qui avaient été trouvés dans la ville de Montmorency. La façade gothique presque tout entière, avec ses rosaces, ses chapiteaux et ses niches ogivales, la porte d'entrée et celle du fond, la crèche, les tombeaux, nombre de statuettes et d'ornemens, n'étaient que des imitations placées là par son père, qui depuis long-temps s'occupait de réunir tous ces objets anciens, et de les coordonner ensemble autour du vieux mur du couvent, dans le jardin même qui appartenait aux religieuses de Notre-Dame-de-Montmorency. M. Ernest, fils de M. Denoyers, n'en savait pas davantage.

Ma curiosité était pour le moment satisfaite, en attendant que je pusse me procurer d'autres renseignemens.

Sûre que j'obtiendrais la permission de me rendre souvent dans ce lieu ravissant, pour esquisser quelques dessins, j'en fis la demande à mon guide. Elle me fut accordée, en effet, avec beaucoup de bonne grâce, et je sortis, repassant dans ma pensée tout ce que j'avais vu, et me promettant de faire du jardin de M. Denoyers mon occupation la plus agréable pendant mon séjour à Montmorency.

Que vous êtes heureuse, vous, chère princesse, d'avoir à Palerme un été ! Nous n'avons qu'un mauvais automne au mois d'août. La Sicile est mon rêve de tous les jours ; jamais contrée ne m'a donné autant l'idée de ce qu'elle a dû être dans les temps reculés, où l'on opérait de grandes choses avec de petits moyens, lorsqu'une nation, pour être grande, forte, imposante, n'avait pas besoin d'avoir une immense étendue de territoire, et trente ou quarante millions d'habitans. L'élévation de son génie lui suffisait pour tout. Le drame de l'humanité se jouait alors sur un petit théâtre, mais il était toujours épique. De notre temps, je vous laisse à juger s'il en est de même. Mais toutes les comparaisons étant odieuses, je me borne à admirer dans la Sicile moderne les restes de l'ancienne, ce qui n'offense ni le temps, ni les lieux, ni personne, et tout en enviant les douceurs du climat dont vous jouissez, je vous embrasse avec toute l'énergie méridionale.

Montmorency, ce 22 août 1845.

Je me suis rendue, comme vous pouvez le penser, deux jours après, au jardin de M. Denoyers, et là je me disais : A quoi bon demander où je suis? le mensonge est si beau, que j'aime à n'avoir aucune foi, ni au présent, ni au passé. L'art aurait-il commis une véritable profanation en jetant sur le travail le plus recherché de la ciselure gothique des moules de plâtre pour obtenir de l'illusion les grands effets que la réalité doit seule produire? Est-ce ainsi qu'on imite, ou pour mieux dire, qu'on contrefait les monumens anciens? Est-ce ainsi qu'on veut ôter au passé ses parchemins, son blason, sa sainteté? — Mais qu'importe ce larcin? si ces ogives, ces rosaces, ces colonnes, si toutes ces nouvelles créations, ces statues, ces frises, ces pleins-cintres, contrefaçons innocentes de quelque temple détruit, de quelque château abattu, de quelque sanctuaire mutilé, produisent le même effet que les ruines les mieux conservées, excitent la même admiration que ces édifices qui savent triompher des vicissitudes inexorables du temps et de la coupable frénésie des hommes.

On ne jouit de rien quand on veut s'assurer de quelque chose, et les plaisirs de la vue dispensent souvent de l'analyse. Grâces donc soient rendues à M. Denoyers de m'avoir procuré une si agréable surprise ; il a voulu représenter le résultat d'un grand cataclisme, pour se donner la satisfaction de faire croire qu'il avait fouillé dans sa nouvelle Pompéï. Son jardin est devenu un sanctuaire des décombres précieux du moyen-âge. Le faux y a tellement le cachet du vrai, que tous ces débris, disposés avec assez de science et d'art, pour faire croire qu'ils ont la consécration du temps, éloigneraient toute idée de contrefaçon, si on ignorait le créateur de cet admirable mensonge. Qu'y a-t-il, en effet, de plus original que le rêve artistique si ingénieusement imaginé de M. Denoyers? La première fois que j'aperçus l'arc ogival de la porte et les hautes rosaces qui s'élèvent au dessus du mur, je crus, moi aussi, avoir fait une belle découverte, et j'allais la mentionner comme une bonne fortune.

Décidément je me figure être en plein treizième et quatorzième siècles. Aujourd'hui, dès que je me suis présentée à la porte, j'ai cru traverser le porche d'une église, où les saints et les rois de pierre restent comme les anciens pénitens sous la voûte extérieure, en attendant qu'il leur soit permis de pénétrer dans la nef.

Et maintenant que je me trouve plus
à mon aise, j'observe tout en détail, je
marque tout, pour que rien ne m'échappe.
Il y a plusieurs portes, il y a des tours
crénelées, fixées contre le vieux mur,
une grande façade gothique, des tombeaux, des niches, des tourelles, des clo-
chers, des colonnes, et puis des bustes,
des groupes, représentant les mystères
de la passion de Notre-Seigneur, des
saints, des vierges parées de leurs robes
pudiques, des reines ornées de leurs
diadèmes, des évêques couverts de leurs
mitres; il y a des paysans dans leurs
costumes du temps, de preux chevaliers bardés de l'armure des croisés,
des martyrs, souriant à leurs bourreaux,
une crèche admirable, des moines, des

religieuses, etc. Ne sortez pas pour longtemps de ce cimetière monumental de trois siècles, et vous finirez par ne plus appartenir en idée au siècle présent!...

Au milieu de toutes ces ruines, peuplées par les figures historiques du moyen-âge, il y a un mur vrai, un mur dont la vétusté est authentique, et qui ne ment pas; il y a aussi une porte basse, angulaire, ornée de quatre colonnes, et surmontée de vitraux anciens, disposés en carré; cette porte ne partage point la roture de toutes ces belles mystifications, elle a un baptême, un baptême ancien, ainsi que les trois chambres auxquelles elle conduit. Tout cela faisait partie de la chapelle et de la sacristie du couvent de Notre-Dame. Peut-être, en faisant des recherches, parviendrait-on à découvrir quelque chronique intéressante de ce temps, où l'on croyait avec ferveur, où l'on agissait avec enthousiasme, où l'on marchait sur les décombres de la barbarie, pour s'élever un jour sur le bouclier de la civilisation. Si je dois tracer quelque dessin comme souvenir de ces monumens, c'est à cette porte que je donnerai la préférence pour légitimer mon travail. Du reste, tous ces débris que nous voyons épars sur la surface de la terre, et qui rappellent les gestes des grands peuples qui l'ont illustrée, toutes ces ruines, jetées çà et là dans les différentes latitudes du globe, ne sont qu'autant de lettres alphabétiques pour lire les légendes des nations !... et l'homme, héritier du passé, veut les interroger pour connaître son élévation ou sa décadence, sa civilisation ou son abrutissement.

Dès qu'un monument vieillit, ou semble vieillir, le lierre s'en empare avec son droit de propriété exclusif, qui ressemble à de l'amour jaloux. Grimpant avec une hardiesse que rien n'arrête, se collant avec tenacité à tous les vestiges, il les rajeunit par contraste, et rafraîchit, par sa verte tunique, la pierre desséchée devenue sa proie; mais il abuse tellement de ce privilége autorisé par le temps qu'il travestit parfois le cadre des tableaux qu'il doit orner, et cache souvent les ornemens artistiques les plus admirables. Or, ce luxe du lierre se montre dans le jardin de

M. Denoyers, comme un véritable abus.

Regarder tous ces monumens, vrais ou faux, décorés par les arbres les plus verdoyans, les plus riches, les plus pittoresques, apercevoir tous ces faux-fuyans architectoniques à travers les mille branches d'acacias et de sapins qui s'entrelacent avec une grâce inimitable, produit sans doute un plaisir extrême à l'œil qui y trouve les charmes d'une ravissante décoration. On ne peut pas nier pourtant que cela ôte quelque chose au sérieux des ruines. Les beaux débris des anciens édifices ne devraient pas avoir pour avant-scène la pompe d'une riante végétation, qui peut leur disputer la supériorité de l'effet. Les anciens plaçaient les temples sur la colline nue et isolée ; les fidèles élevaient de grandes basiliques au milieu d'une plaine découverte ; les seigneurs du moyen-âge érigeaient leurs châteaux sur l'extrême lisière de la forêt. Ce qui embellit le monument, c'est l'idée qu'il représente ; ce qui grandit les débris, c'est l'idée qu'ils réveillent. La nature laisse à l'homme le droit d'isoler son ouvrage, pour peupler sa pensée, comme il a celui d'individualiser une idée pour la féconder dans l'application. Toutes les fois qu'on prive les vieilles ruines de l'attitude dominante que leur donne la nudité des lieux où elles s'élèvent, on les déshérite d'une partie de leurs prestiges, et, s'il m'était permis de m'exprimer ainsi, on étouffe leur parole, pour les faire servir à un embellissement d'emprunt. Voiler les destructions ou les embellir avec recherche, en les entourant d'arbres et de fleurs, c'est priver le sentiment de ceux qui les visitent de l'effet sérieux de la réminiscence, ou pour mieux dire, c'est priver la réminiscence de l'étincelle du sentiment.

Dans le Midi, comme si on avait légué à la postérité le devoir de pleurer sur les grandes catastrophes, les vestiges des vieux monumens n'ont point de décorations autour d'eux; la terre, par sa nudité, aime à montrer le veuvage de ce qui survit au passé, et témoigne du châtiment des sacriléges qui ont été commis. En présence d'un tel spectacle, l'âme se sent saisie d'un recueillement solennel...

la nudité disparaît, le culte domine...

Il faut avoir vécu au milieu de toutes ces ruines italiennes pour connaître la puissance de cette superstition enfantée par le sentiment qui exalte et caractérise une foi sans intermittence; bien différente de cette superstition commune aux peuples du Nord, enfantée par le travail de l'esprit, qui grandit par l'orgueil, et qui donne pour résultat la controverse et le doute. La première, montrant la création dans toute sa beauté, fait naître le besoin de croire aux grands mystères, sans prétendre les expliquer. La seconde, accordant à la méditation le droit d'interpréter le mystère, engage l'homme à se fier à ses facultés intellectuelles et à se servir de l'artifice de la raison pour se montrer l'oracle de la science : ainsi, mêlant le vrai au faux, le beau factice à la beauté réelle, le calcul à l'instinct, le travail à la spontanéité, il estompe les brouillards de son esprit dans la moralité de son cœur !...

Peut-être y a-t-il de l'excès dans mon langage... peut-être mes souvenirs d'Italie me rendent-ils bien sévère pour l'effet des arbres parmi les ruines du jardin Denoyers... Les arbres, et j'aime bien à l'avouer, sans craindre de me contredire, ne peuvent à la rigueur être déplacés nulle part. Il y aurait injustice, je dirai même ingratitude, à les bannir du voisinage des monumens... A qui doit-on les ordres et les formes de l'architecture à toutes les époques, la païenne ainsi que la chrétienne, celle des peuples primitifs, de même que celle des nations les plus civilisées ou les plus vieillies, l'architecture qui a été enfantée par le besoin, et celle qui a été créée par le luxe; la hutte du pâtre arménien, aussi bien que les temples d'Athènes, de Corinthe, d'Éphèse; la basilique byzantine, la cathédrale gothique? Ces effets merveilleux de l'art qui a su conserver la chronologie de l'humanité et marquer l'état de sa civilisation ; ces belles inspirations dont le génie de l'homme fait autant de découvertes, on les doit aux modèles qu'en ont fourni les arbres par leurs troncs, leurs cimes, leurs branches, leur feuillage : on les doit à la variété de leurs formes, à la grâce de leur abandon... Et lorsque l'homme sentit que, créé pour dominer, il n'était pas fait pour se cacher dans les cavernes, à qui dut-il sa première hospitalité, si ce n'est aux arbres ? Leur élévation, leurs mâts, leurs voûtes, leurs liens, leurs sympathies, le caprice de leurs ramifications, tout a servi à l'art comme objet d'étude, tout a servi à la science comme objet d'observation, tout a fourni à l'imagination les sujets pour produire ce qui n'a été qu'une copie admirable !

Si une heureuse organisation cache dans l'homme l'étincelle d'un grand talent, cette étincelle n'éclate qu'après que l'homme a deviné et saisi l'analogie qui existe entre les mystérieuses élucubrations de son âme et les œuvres extérieures et visibles de la nature.

Peut-être toutes ces belles ruines, si bien imitées dans le jardin de M. Denoyers, auraient-elles trop de prétention à s'imposer à l'admiration des amateurs et des curieux, si elles se présentaient dans un terrain nu et désert, sans autre égide que le culte des âges anciens, sans autre prestige que celui que pourrait commander la vérité douteuse de leur origine ! Il faut qu'on soit grand par soi-même, pour être au niveau des impressions que laissent les beaux restes d'un vieux monument, entourés d'une imposante solitude. Un heureux mensonge a besoin d'être paré de tout ce qui peut favoriser l'illusion, et si, au milieu de ces vestiges grandioses dont je parle, l'âme ne se sent pas émue de ce saint respect qui s'associe à l'idée de la disparition des siècles et à celle de l'immortalité du génie, on y éprouve en revanche, grâce à la magie d'une végétation riante, le bonheur d'admirer, et on peut s'y plaire, sans être saisi par la tristesse de la méditation...

Adieu, chère amie, pendant que je vous parle de Montmorency, vous êtes dans cette prestigieuse *Olivuzza*, où l'on dit que des têtes couronnées vont se rendre, pour demander à ce climat de bénédictions la santé que le trône ne peut pas assurer, que la richesse et la force ne peuvent pas donner! La santé, le bien-être, la vie, c'est de la nature, c'est de Dieu qu'on les attend, c'est dans l'œuvre de la création qu'on les cherche, c'est dans le ciel pur, doux, bienfaisant, qu'on espère !... Que tout le reste est petit, est mesquin !...

Montmorency, ce 30 août 1845.

Si vous n'êtes pas fatiguée, chère et bonne, de mes causeries épistolaires, je les continuerai sur un sujet qui ne me semble pas épuisé.

Encouragée par mon premier essai, ravie de tout ce que j'observais de chaque point de vue où je me plaçais dans mes promenades (car je ne me suis pas encore livrée à de grandes courses), dans l'espoir de faire de nouvelles découvertes en fait de ruines, je me suis rendue, accompagnée d'un vieillard dont j'avais fait la connaissance (et je vous dirai qu'à Montmorency il y en a beaucoup, sans compter les trois centenaires), je me suis rendue au jardin de M. de Bertu. Ce jardin faisait partie de l'ancien parc appartenant au vieux château des ducs de ce pays. Là, la scène changeait entièrement, et comme je ne voyais rien dans le genre de la villa Denoyers, qui, placée dans un enfoncement, n'a point d'horizon, je m'abandonnai au charme que produisit sur moi une vue impossible à décrire. Le langage peut rendre les idées les plus élevées, les passions les plus énergiques, mais comment traduire les fortes émotions ?

Me voyant tout absorbée dans la contemplation du tableau qui se présentait à mes yeux, le bon vieillard, mon guide, me dit avec un ton grave :

« Vous jouissez bien, et de toute votre âme, vous encore jeune, vous qui venez pour la première fois dans cette campagne ravissante, qu'au temps du paganisme ont dû habiter les Dieux. Hélas ! madame, ici, dans notre village de Montmorency, bien des monumens ont disparu, bien des sites ont changé d'aspect, bien des souvenirs se sont effacés ! La campagne est devenue moins sauvage, la vallée moins solitaire, les tours, les donjons, les murs crénelés, tout ce qui rappelait la demeure de nos anciens princes n'a pas laissé de trace, et pourtant, comme vous voyez, la nature ne porte jamais le deuil des forfaits des hommes; en se reproduisant sans cesse, elle renouvelle ses enchantemens ; toutes ces décorations fraîches, riantes, variées, coquettes, solennelles, harmonieuses, semblent faites pour le spectacle du jour. Tant pis pour ceux qui ont passé! La nature balaie les souillures des cadavres comme les débris des monumens. L'histoire en grande partie repose dans les entrailles de la terre, elle est dans ce vaste tombeau des siècles, où l'on superpose de petits tombeaux. Le cimetière d'Adam s'ouvre chaque jour pour cacher ce qui finit et disparaît, sans permettre d'ouvrir aucun registre, car le commencement et la fin ne sont que le mouvement de rotation de l'axe du monde. Un jour, cet axe se brisera lorsqu'il touchera au point incommensurable de l'éternité... Ces coteaux, cette masse d'arbres, cet horizon où s'abîment ces lignes magiques de la vallée de Montmorency, vous font rêver, à quoi ? à tout, et à rien !...

» Avouez-le, madame (me disait le vieillard avec un organe solennel), l'extase produite par une impression indéfinissable, qui met en rapport toutes les sympathies de notre organisation avec le tableau qui nous frappe, a pourtant un *pourquoi*... C'est que, au delà de tout ce que vous voyez, il y a une espérance muette. Le rêve mystique qui vous arrache au positif de la vie, cette jouissance qui se reproduit en vous-même et qui a sa source dans votre âme, cette jouissance n'est qu'un irrésistible entraînement vers ce qui est un mystère pour la raison, mais non pas pour le sentiment. L'amour de l'être intelligent pour le principe créateur est le seul interprète qui nous soit accordé dans la vie.

» Lorsque vous fixez vos regards sur cet aspect vague où se réfléchit le prisme des choses créées, vous sentez que vous n'avez besoin de rien connaître ; ce que vous éprouvez, sans le définir, vous en dit assez pour vous éclairer. Il y a dans la création l'image de la divinité ; dans l'homme, l'image de la création : ainsi, entre nous et Dieu, il y a analogie, sympathie, lien, attraction... On voudrait saisir l'aimant, on voudrait expliquer le rêve ; mais celui-ci ne s'achève pas, et l'autre échappe aux bornes de notre organisation. Ce n'est donc que lorsqu'on s'arrache à ces émotions privilégiées que les âmes d'élite savent goûter; ce n'est que lorsqu'on retombe dans le triste examen des vicissitudes sociales, mesquines, bornées, convulsives et en même temps monotones ; qu'on se reporte froidement à l'origine de ces débris et de ces monumens, que l'on dessine avec tant de plaisir peut-être, parce qu'ils sont des débris, et qu'ils représentent des siècles si différens du nôtre; parce qu'enfin vous y retrouvez le cachet original et la physionomie distincte d'une époque de contrastes, où tout était ajourné, où, malgré les innombrables servitudes qui enchaînaient l'esprit et le bras de l'homme, quelques ouvriers obscurs, que depuis quelques années à peine on a salués du nom d'artistes, trouvèrent moyen de sculpter dans la pierre les livres les plus hardis, et d'édifier sur des bases pour ainsi dire mouvantes, les monumens les plus imposans et les plus sublimes (du moins au point de vue de la foi), qu'il ait été donné au génie de l'homme de laisser sur cette terre... Oh! pourquoi ne sont-ils pas restés intacts, tous ces beaux témoignages de notre histoire, qui auraient répandu tant d'intérêt sur notre ville, ainsi que tant d'autres qui se mêlent désormais aux ossemens des cadavres dispersés par toute la terre! Qu'il serait beau de voir la généalogie des âges avec leurs événemens, avec les hommes qui les ont illustrés, tous en perspective dans le lointain d'une Josaphat précoce ! » Quel grand spectacle ne serait-ce pas pour l'humanité !... Mais renonçons à ces regrets excessifs qui ne peuvent être qu'une fièvre d'esprit, une sublime folie de la pensée, et bornons-nous à accuser l'homme de la destruction de ce que l'homme même a élevé.

» Heureusement les débris suffisent pour comparer les monumens d'autrefois avec ceux qui les ont remplacés... De nos jours, madame, il y a peu de poésie dans le travail intellectuel, peu de constante admiration, et de ravissement sincère pour tout ce qui peut charmer l'esprit.

On s'efforce à louer cet art qui, parodiant la renaissance, veut essayer de tout ; mais on a beau chercher de belles illusions, on ne trouve qu'indifférence pour le talent créateur de notre époque, parce qu'il n'est pas créateur ; ainsi on aime à revenir à ce tableau qui ne change jamais, à cette belle nature qui n'est pas sujette aux fréquentes vicissitudes de l'âge, aux rides de la vieillesse, aux changemens des conditions sociales. Là, vis-à-vis de ce spectacle toujours nouveau, toujours prestigieux, toujours allégorique, on pose tranquillement et on dit sans vanité, sans égarement, sans frénésie : Tout cela est fait pour que l'homme en jouisse... L'homme est donc une création immense, car la création est un spectacle pour lui, et lui ne l'est que de lui-même!... L'histoire, à cette pensée, se réconcilie avec la dignité de notre nature, et tâche de laver les souillures de ses pages, accumulées par les actes qu'elle a enregistrés! Mais cette pensée même ne suffit pas pour nous consoler!

» Les générations ont passé sans que la terre en fût ni étonnée ni émue ; parfois même elle a aidé à les faire disparaître, et le lendemain du drame, elle s'est parée de sa pompe journalière pour faire fête à l'humanité qui est restée debout! Sanglante ironie que l'intelligence humaine est pourtant forcée de respecter! »

Ici le bon vieillard se tut pour un instant ; puis, avec une voix plus animée, il reprit, en disant : « Madame, si ce tableau est magique, l'homme qui prie est sublime; car il fait usage de ce sentiment que la nature a matérialisé dans tout ce qui n'est pas l'homme. » Son accent commençait à trahir son émotion; son âme paraissait affectée lorsqu'il ajouta : « Posés, madame, comme nous sommes vis-à-vis le plus séduisant spectacle que la nature puisse nous offrir, ici, dans ces lieux où la vallée étale à profusion tous ces prestiges, on sent le besoin de se prosterner devant le Créateur. C'est alors que la pensée domine ce tableau qui la magnétise... Elle rêve Dieu, et ce rêve devient le somnambulisme de notre destinée!... » Ce furent ses dernières paroles.

La grande église était en perspective, sa flèche dominait le site où nous étions assis; toute la vallée se dessinait à nos pieds : c'était le moment où l'horizon jouissait avec volupté du dernier rayon de soleil. Le vieillard se découvrit, joignit les mains et se mit à prier. En le regardant, je me disais : Les apôtres qui ont connu le Christ devaient prier ainsi... Je n'osai point l'imiter, je m'en croyais indigne...Après quelques instans, j'espérai entendre encore sa voix; mais plongé dans un profond recueillement, après avoir versé quelques larmes, il s'éloigna pour aller s'appuyer contre un arbre. J'ai su depuis que, de l'endroit où nous étions, il apercevait le tombeau de son fils unique, qui reposait dans le cimetière de l'église. Agé de quatre-vingts ans, tous les soirs le bon vieillard, à l'approche des ténèbres, va jeter un dernier regard à la croix du tombeau, et là, en pleurant, il tâche d'adoucir la plaie qui saigne dans son cœur!...Quel est celui des animaux qui sait pleurer? Les larmes, baptême de la douleur, ont été accordées à l'homme déchu ! Lui seul a le droit d'en répandre.

Avant de quitter le beau jardin de M. de Bertu, qui trace la limite de la vallée du côté de l'ancien château, j'ai voulu encore fixer mon admiration sur cette masse d'arbres touffus qui ont leur aristocratie et leurs classes populaires, leurs beautés et leurs monstres, leurs troncs vigoureux et leurs tiges frêles, leurs feuillages riches, généreux et bienfaisans, ainsi que d'autres bien chétifs, dégarnis et égoïstes, leurs broussailles ténébreuses, leurs dômes magnifiques et leurs allées spacieuses. La nature champêtre symbolise la société, qui, à son tour, paraît lui avoir emprunté les classes différentes, les ordres élevés et les rangs subalternes, les espèces et les caractères particuliers, les révolutions, la guerre et la paix, les épines et les roses, le mal et le bien. L'homme, créé pour faire sa courte demeure dans la patrie commune qui devait l'abriter, a dû imiter ses lois physiques; il s'est trompé seulement en croyant qu'il avait le droit de deviner les secrets de la création, et il n'a jamais voulu avouer le bandeau dont son intelligence était voilée !

Mon vieux guide avait quitté sa place en s'approchant de moi, il me parut bien triste. J'allai à lui, je lui témoignai ma reconnaissance pour m'avoir conduite dans un endroit aussi ravissant ; il m'offrit le bras, et je rentrai dans mon *cottage,* espérant apprendre par ses récits quelque histoire qui le regardât, ou quelque révélation sur les temps anciens de Montmorency.

Adieu donc, chère amie, pour le moment. Dans dix jours j'aurai encore le bonheur de m'entretenir avec vous ; mais dans ce moment-ci, j'éprouve la fatigue d'une trop longue et trop profonde admiration.

Montmorency, ce 7 septembre 1845.

Avant de m'asseoir sur mon banc de mousse, qu'on peut regarder comme l'escabeau d'un atelier, toujours incertaine sur le choix de mon modèle, je tâche de me rendre compte des sensations que j'éprouve en entrant dans le jardin de M. Denoyers. J'aime à parcourir chaque jour, d'un bout à l'autre, ce petit muséum d'antiquités, et chaque jour j'y trouve de nouveaux charmes, et chaque jour je fais la découverte de quelques morceaux de sculpture que j'avais négligés la veille.

A la vue de tous ces *fac simile* de vieux monumens, ma pensée s'agite pour me rappeler les lieux où j'en ai vu de pareils... Alors, je cherche à les comparer, à leur trouver une histoire, à leur approprier un souvenir. Je tâche de m'éclairer sur les époques qu'ils représentent, par certaines différences qui les caractérisent; mais, lorsque je m'arrête vis-à-vis de l'objet auquel la sympathie du moment donne la préférence, la divagation de mes idées cesse, pour faire place à la préoccupation du modèle que j'aime à copier.

Placez au milieu de ce muséum archéologique si original et si pittoresque un peintre, un architecte et un philosophe, je ne sais lequel des trois jouira le plus en face de ces débris, partie vrais, partie imités, débris auxquels on ne demande ni leur origine ni leurs titres d'ancienneté, mais un prestige passager, un mensonge éloquent, une heureuse illusion, comme tout ce qui, dans la vie, apaise l'avidité de savoir et de connaître, comme tout ce qui désaltère la soif des émotions, comme tout ce qui prête matière à l'histoire, qui souvent, faute de mieux, se contente des probabilités, même des fictions pour les siècles qu'on ne peut pas interroger sans douter de leurs légendes. — Il y a cependant un fait commun au peintre, à l'architecte, au philosophe, c'est celui d'une jouissance réelle sous un point de vue différent.

Le peintre, à mon avis, est celui qui se trouve le plus satisfait du cadre qu'il a sous les yeux. Sans avoir égard aux détails, il sourit à l'impression enfantée par l'ensemble du tableau. Reproduire cet ensemble sur sa toile ou sur son papier est pour lui un vrai bonheur; il travaille pour jouir; les ruines sont pour lui des trésors inépuisables, et si la nature les cache au pied d'un précipice, si elle les soutient par des rochers qui menacent de s'écrouler, si elle y place à côté quelque vieux tronc, quelques branches touffues et bizarres, ou la tapisserie du lierre, ou les feuilles larmoyantes du saule, le peintre en est ravi, il ne cache pas son enthousiasme ; il prend tout cela pour de la magie ; impatient de se l'approprier en l'imitant, il n'attache, à tout ce qu'il voit, ni souvenir, ni pensée sérieuse, ni regrets, ni espérance ; il aime d'un amour enthousiaste, d'un amour vrai, d'un amour sans crainte son modèle ; et cet amour lui tient lieu de tout. Le drame n'existe pour lui que dans l'effet du cadre, et le mérite réel, dans l'imitation produite par son pinceau. A force d'être satisfait de son travail, le peintre, après l'avoir bien regardé, corrigé, embelli, parvient à oublier l'original, et à se croire créateur ;

il butine partout sans remords, et la nature, se prêtant aux larcins commis par le talent, loin de les dénoncer, regarde l'artiste comme l'enfant de son inspiration.

L'architecte est peut-être celui qui s'instruit le plus; en fixant les différentes phases de l'art sublime, riche, orné, symbolique, il s'identifie avec l'époque à laquelle elles appartiennent; il étudie les formes et en déduit les progrès ou la décadence. Bien que, par une sorte de préjugé d'école, et par l'application souvent dédaigneuse de certaines doctrines qu'il juge infaillibles, l'architecte professe un culte exclusif pour l'art grec et les trois grands ordres classiques qui, de tout temps, ont excité l'admiration de ses maîtres, il se demande pourtant si l'art grec a jamais pu produire les mêmes émotions, les mêmes rêves, le même enthousiasme que l'architecture du moyen-âge, malgré sa bizarrerie et son imperfection de style; il se demande si jamais les temples d'Athènes, d'Ephèse, d'Agrigente, de Pœstum ont pu reporter la pensée à l'infini, et symboliser une croyance spirituelle ; si la sculpture grecque ne répondait pas plutôt aux instincts d'un culte sensuel, tandis que les édifices gothiques ne sont que l'expression fidèle de cette fervente croyance qui exaltait le génie dont la source était dans les sentimens, et les sentimens dans la foi. Et, comme on l'a très bien dit: *c'était le don précieux de la spiritualité qui donnait au moyen-âge tant de grandeur jusque dans la naïveté de son culte.*

C'est ainsi que, par de telles considérations, l'architecte se trouve plus disposé à donner la préférence à ces monumens si poétiques dont il admire les belles ruines dans le jardin de M. Denoyers. Et quoique de nos jours on essaie de tous les styles en architecture comme en littérature, et qu'on veut du Vitruve et du Bramante, du Palladio et du Marochetti ; de même qu'on voudrait faire de l'Euripide et du Shakspear, du Boccace et du Walter Scott, du Térence et du Molière ; quoique pour exprimer les tendances de la société on se plaise, de nos jours, à mêler le sublime au vulgaire, et à *abâtardir* toutes les physionomies marquées, afin de les confondre pour en faire disparaître les nuances, l'architecte est pourtant tenté de convenir que le moyen âge est la sublime épopée romantique de l'art.

Madame de Staël disait que le *penseur est un explorateur et une sentinelle*. Or, le penseur philosophe qui voit dans les vieux monumens les témoins de l'histoire, parcourant le jardin Denoyers, absorbé dans ses méditations, préférera ses rêves à la réalité du tableau, et restera incertain sur ce qu'il doit croire, lorsque son esprit voudra sonder l'expression de l'art.

Le doute, hélas! est le vrai côté faible de la pensée humaine, malgré tout ce qui peut être allégué par la raison qui voudrait le présenter comme le résultat de sa force. Si toutes ces ruines déroulent aux yeux du penseur philosophe les parchemins de cette époque, où commencèrent à se dessiner nettement les pouvoirs et les classes de la société, où la nouvelle organisation, qui avait absorbé l'ancienne, s'efforçait d'ébaucher le nouveau programme de l'attitude des peuples par des actions héroïques permises exclusivement à la classe privilégiée, par la parole des talens remarquables qui commençaient à se tracer un chemin long à parcourir; par les promesses enfin de ces luttes puissantes dont la postérité allait juger le résultat; elles lui fournissent en même temps l'occasion de voir l'homme constamment acharné à la destruction de ses propres œuvres, renouveler sous d'autres formes ce qu'il a détruit, parcourant les siècles d'essais en essais, sans que ni le génie, ni la gloire, ni les conquêtes assurées, ni la puissance affermie, ni aucune passion contentée ou satisfaite, ni aucune découverte accomplie, ni aucun fait réalisé, puissent garantir la stabilité de sa condition sociale ni la solidité de ses croyances (1) !

Tout en regardant ces ogives ciselées, ces portes couvertes d'ornemens, ces niches angulaires, ces fenêtres plein-

---

(1) Ce fait n'est-il pas un témoignage de ce que nous sommes ici bas, et une révélation de ce que nous pouvons espérer d'être un jour ?

cintre, ces colonnes à faisceaux, ces pyramides dentelées, le penseur y reconnaît la physionomie de l'époque qu'ils représentent ; il y distingue le genre oriental qui, portant le germe du schisme, va se confondre avec l'enthousiasme religieux de l'occident, dont le travail est l'affermissement et la puissance de l'Église, en même temps que l'éclat de l'art. Reportant ensuite son regard sur ces bas-reliefs qui retracent les batailles des croisés, sur ces martyrs successeurs des premiers apôtres, sur ces statues qui représentent des chevaliers blessés, des rois prisonniers, des moines en pélerinage, des ermites accueillant les malheureux, il y voit autant de légendes monumentales qui révèlent l'expression du culte de la nouvelle Europe, les merveilles de la foi, les exploits des héros chrétiens, ou l'histoire d'une ville, ou les miracles d'une sainte, ou le crime d'un tyran, ou la charité hospitalière de quelque ordre religieux, de quelque seigneur féodal... Que de sujets pour méditer sur la civilisation ébauchée, et les mœurs de ces peuples qui savaient attendre et savaient obéir, et dont les arts, et surtout l'architecture monumentale sont encore l'expression ! Que de sujets pour comparer et se demander ce qu'on se demande toujours : si notre époque vaut bien celles qui l'ont précédée ! demande à laquelle je répondrais toujours avec Sténélas, dans Homère : « Rendons grâce à Dieu,

» nous valons mieux que nos ancêtres. » L'histoire reproduite par des objets qui témoignent d'une partie de l'action qu'elle nous retrace a la parole plus forte et le soutien d'une double vitalité. Le bronze de Marc-Aurèle au Capitole fait mieux comprendre le caractère de cet empereur que tout ce qu'en a dit Julien.

A peine mon imagination avait fait poser mon philosophe parmi les ruines du jardin Denoyers, comme Marius parmi celles de Carthage, que j'aurais voulu le changer en nouvelliste consciencieux, car je me disais : Voilà bien des légendes statuaires qui pourraient servir de sujets à des romans historiques. De nos jours, on n'en demande pas même autant pour repeupler la grande scène du passé, et nous forcer d'assister à toutes sortes d'événemens imaginés. Mais pendant que je me permettais de telles divagations, deux jeunes filles, l'une de six, et l'autre de huit ans, enfans de M. Denoyers, vinrent jouer autour de moi. La cadette poursuivait un chat espiègle qui avait juré de nous amuser ; l'aînée portait un bouquet de roses, et fredonnait une petite romance qu'elle venait d'apprendre. Toutes deux, joyeuses et riantes, embellissaient et ranimaient, par leur contentement, le sérieux du tableau.

Les peintres devraient symboliser le bonheur par le portrait d'un enfant de huit à dix ans; je suis sûr qu'on ne pourrait pas se méprendre sur le sujet de l'allégorie. A cet âge, on sait aimer ses parens avec cette intensité et cette effusion dont est rempli le cœur qui ne soupçonne pas encore les orages qui l'attendent. A cet âge, on fait bien la prière à Dieu, qu'on sait être le créateur de tout ; on comprend cela, et on le prie sans répandre des larmes, car on n'a rien à se faire pardonner ! Cette prière et cet amour ont le parfum de la pureté qui les sanctifie. Ils pourront dire :

La prière s'épure en passant par nos cœurs.

Mais lorsque les passions commencent à montrer leurs exigences, lorsqu'elles commencent à lutter, à dominer et à prescrire, alors, avec l'accent même de la prière et de l'amour qu'on peut avouer, s'exhale quelque chose, sinon d'impur... quelque chose qui, se mêlant à d'autres sentimens, les décolore ou les profane.

A six ans, à huit ans, on folâtre ainsi que le faisaient les demoiselles Denoyer autour de moi; on sait être heureux de tout; le sommeil est sans trouble, le réveil est sans souci; la curiosité, pour les enfans, n'est qu'un jeu de l'esprit qui prélude au besoin de savoir, et loin de les plaindre parce qu'ils ignorent ce que l'homme croit connaître, on est tenté d'envier leur ignorance, préservatif assuré contre toutes les tortures inutiles, qui font souvent de la vie une débauche et de l'intelligence une révolte! A l'âge de ces jeunes filles, les émotions et les sentimens préliminaires s'harmonient avec le sourire de la nature. Si le Christ aimait les enfans, c'est qu'en eux on peut contempler le vrai de l'être créé à l'image de Dieu. Plus tard, on ne peut établir ce rapport sans être honteux du démenti continuel que l'homme, par ses actions, cherche à donner au Créateur !...

Dès que je pus jouir de la société des petites Denoyers, j'oubliai mes pensées sérieuses; leur conversation m'amusait; leur joie devint la mienne; leurs amusemens, au milieu de tant de richesses de la nature et de l'art, avaient un cachet tellement différent de tout ce qui m'occupait, que je voulus m'identifier à leur bonheur ; elles préféraient une fleur à une colonne, une poupée à une statue ; elles n'admiraient que ce qui pouvait les amuser ; leur frère était leur ami, leur mère était leur bonheur ; tous leurs plaisirs, tous leurs jeux se mêlaient à leurs affections ; je regardais les sentimens exprimés par ces enfans comme une leçon et une étude pour l'homme qui veut se juger ; et je restai avec elles toute la matinée. Si, dans notre organisation, il y a tous les élémens du bon, pourquoi, me disais-je, travaillons-nous à les dénaturer ?

Eugénie et Aglaé, après s'être amusées à me voir dessiner, me reconduisirent jusqu'à la porte, et je rentrai enchantée de mes nouvelles connaissances.

Montmorency, 17 septembre.

Depuis que je vous ai écrit ma dernière lettre, je n'ai plus été visiter mon sanctuaire de ruines, j'ai cherché d'autres objets pour éprouver de nouvelles sensations, pour me procurer de nouvelles jouissances, pour me livrer à d'autres rêves ! Ce n'est que dans le moment où l'on goûte le bonheur de la vie intime qu'on peut rêver tout éveillée, et c'est alors que les idées se changent en sentimens, et les sentimens en consolations. Profitant de quelques belles journées que nous avons eues, j'ai fait de longues courses, afin d'entrer en connaissance avec le pays. Tout ce que je vous en dirai, bonne et excellente amie, n'approchera jamais de la réalité, et pourtant je suis sûre d'être taxée d'exagération. On n'aime point entendre dire trop de bien, même de la nature ; et, après tout, les impressions qu'on reçoit étant toujours relatives aux différentes dispositions physiques et morales de chacun, les objets sont inégalement agréés par l'imagination, et ils agissent différemment sur les sympathies des personnes. Chacun porte son jugement, analogue aux idées et aux goûts qu'il s'est formés par son éducation, par ses habitudes, par son intelligence. Un vieillard préférera l'Aristide à la Vénus, qui ne peut que lui donner d'inutiles regrets ; un soldat s'animera au bruit du tambour, tandis qu'il s'endort peut-être à l'Opéra ; un marin aimera mieux l'Océan que le bois de Boulogne : ainsi, en parlant de mes impressions, je ne prétends pas les imposer à d'autres.

De quelque côté qu'on se dirige, Montmorency offre une étonnante variété de tableaux qui se ressemblent par leurs charmes, et diffèrent par les objets qui les composent. Je regarde Montmorency comme le kaléidoscope par excellence de tout ce que renferme un vaste horizon. Allez à l'Ermitage, puis montez sur la petite colline qui domine le côté du nord ; de là descendez au grand chemin de la forêt, puis placez-vous sur la pente qui découvre les créneaux du château d'Ecouen, puis allez vous reposer sur la terrasse de l'Église, vous aurez remué votre cylindre émaillé, qui vous a déjà présenté plusieurs tableaux différens avec une admirable poésie. Tantôt c'est la vallée qui s'appuie sur une vaste plaine parsemée de villages, tantôt c'est un bois touffu en perspective, qui vous montre ses grandes ombres projetées comme des linceuls funèbres ; plus loin un horizon à perte de vue, échelonné par des lignes tirées sur les crêtes des collines, et dorées par la lumière modeste qui leur donne une transparence fantastique. A droite, c'est la forêt, cette forêt de Montmorency aux mille aspects, sombre et riante, sauvage et cultivée, paraissant décrépite dans certains lieux, jeune dans d'autres, et partout prestigieuse par ses mystères et sa poésie; cette forêt où les druides gaulois venaient accomplir leurs sacrifices, et où maintenant les enfans n'ont pas peur d'aller folâtrer. Les nombreuses inégalités de terrain forment autant de petites vallées et de collines toutes boisées, toutes peuplées de mille productions différentes qui relèvent les beautés du contraste. Je voudrais parler aussi des ruisseaux et de ce murmure qui a inspiré tant de poètes et qui nous a donné tant de beaux vers idylliques. depuis Théocrite jusqu'à madame Deshoullières; mais Montmorency manque de ces sources abondantes et gracieuses dont le bruit a tant de charmes pour les rêveurs, pour les amans et même pour le pauvre; de ces sources qui désaltèrent le pâtre et fécondent l'imagination des enfans des muses.

C'est peut-être à cette étonnante variété de tableaux qu'est due la durée du plaisir qu'on éprouve à regarder ce qu'on a regardé la veille et ce qu'on regardera encore le lendemain. La variété est le remède empirique contre la fatigue ou la paresse de l'esprit:

L'ennui naquit un jour de l'uniformité.

C'est donc cette variété qui, lorsqu'elle se prête aux exigences de notre curiosité, réussit quelquefois à distraire l'homme du mécontentement de soi-même, en lui procurant des sensations toujours nouvelles! Mais celui pour qui l'existence est devenue un fardeau monotone reportera dans la vie extérieure cette disposition maladive qui affecte son moral et détruit son être, et cela souvent sans remède, s'il ne se fie pas à la source divine de toutes les consolations.

Dans mes longues promenades, j'ai cherché s'il y avait des lieux qu'on pût préférer à Montmorency dominant par sa position tous les environs, et je trouve qu'il n'y a rien qui puisse lui être comparé.

Il faut descendre au bas de la colline si

on veut visiter les autres villages, à l'exception d'Andilly, qui est à mi-côte, encadré dans la forêt, sans espace et sans liberté. On peut dire que Montmorency est l'idole placée sur le grand piédestal, qui se fait admirer et révérer par les habitans de la plaine ; c'est le suzerain féodal de ce vaste plateau ; ce qui lui donne ses droits exclusifs et ses priviléges.

Les collines sont, sans contredit, la partie spirituelle des poses de la terre. Dans ses arrangemens, dans ses cataclysmes, elle les a modifiées avantageusement pour toutes les époques.

Lorsque la terre abritait le paganisme, les collines servaient de bases aux temples de ses dieux, qui avaient le double avantage de faire les mauvais sujets dans les villes, et de se faire adorer dans l'Olympe. C'est sur une colline que les Romains placèrent leur Capitole, glorieux couronnement de la cité souveraine, sibylle de tous les temps. Les barbares élevèrent sur les collines leurs autels, la féodalité y érigea ses châteaux, la guerre y place son artillerie, les moines, les cénobites, les chefs des ordres religieux, y ont bâti leurs monastères et leurs couvens, l'astronome y fixe son télescope, le philosophe sa retraite, la poésie y a placé son Parnasse; mais plus que tout cela, plus que tout autre souvenir, mieux que tout autre monument, le Christ, la rédemption, y ont planté leur symbole éternel... C'est sur le Calvaire qu'a été scellée, par le sang régénérateur, la charte de l'humanité.

La nature paraît avoir modelé la colline pour servir d'avant-scène au grand théâtre dont la plaine est le vaste parterre. Il y a, si je puis m'exprimer ainsi, une certaine moralité de site dans l'élévation des collines : aussi, les sectes mystérieuses ne les choisissent jamais pour sanctuaire de leurs réunions; les contrebandiers, les voleurs les proscrivent, s'il s'agit de leurs refuges ; les uns et les autres cherchent la vallée profonde, la grotte creusée au fond de l'abîme ; ils cherchent tout ce qui cache l'homme coupable, tout ce qui couvre de ténèbres ses actions. L'homme méditant la perte d'un autre a tellement peur d'être trahi, même par la nature, qu'il craint que la colliue, où tout est en évidence, ne le dénonce (1)!

De tous côtés, en parcourant la riante vallée de Montmorency, qu'on se pose en artiste, en amateur ou en homme qui marche sans but, et qui veut méditer et lire dans ce grand livre de la création, la pensée s'élève parce qu'elle domine l'horizon qui se déploie à nos yeux ; elle s'agrandit par la multiplicité des objets qu'elle contemple ; elle se

---

(1) Il y a des souterrains qui ont acquis une juste célébrité, parce qu'ils ont servi de refuge aux premiers chrétiens persécutés par les tyrans de Rome ; mais ces lieux ténébreux, ces mémorables catacombes qui témoignent des souffrances des victimes de l'idolâtrie, n'eurent qu'un temps, et n'ont rien de commun avec ceux que le crime et le complot ont toujours été forcés de choisir pour cacher leurs projets ou leurs coupables actions.

purifie par l'admiration de la chose créée... Oh ! ne dites pas que j'extravague, car je suis, moi, dans le positif ; je suis dans le vrai ; s'il y a du faux et même de l'absurde, c'est dans les idées des personnes qui, faisant abstraction du but réel de notre existence, tâchent de la matérialiser par des mauvais raisonnemens, par de faux calculs, qui ne se rapportent qu'à une durée bien incertaine, et qui n'ont d'autre objet que la vie de chaque jour, où les chagrins luttent contre la joie, où la douleur vient empoisonner le bien-être, où le malheur s'acharne contre le bonheur, le doute, hélas ! contre l'espérance ! Et c'est pourtant cette durée incertaine de tout et de tous, ce contraste journalier de passions, d'habitudes, de maux inattendus, d'exigences sans fin : exigences de l'ambition sans bornes, exigences de l'amour égoïste, exigences du pouvoir sans contrôle, de l'opulence sans charité, cette suite de misères sans remède, qu'on appelle le positif, le réel de la vie ! Est-ce donc vrai, que tout ce qui doit absorber la pensée ne doit être que le succès d'une entreprise ? Tout ce qui doit préoccuper l'esprit ne doit-il être que le profit, le gain, l'intérêt, l'acquisition d'une grande fortune, la satisfaction de tous ces désirs qui soufflent la tempête dans l'âme ? Mais le tourbillon a surpris dans un instant et emporté les manufactures du capitaliste ; le débordement d'une rivière balaie le travail de l'homme, son abri ou son palais; une commotion populaire, la mort d'un prince, un événement imprévu, ont ébranlé la confiance publique et renversé le veau d'or, objet de l'idolâtrie générale. La fin instantanée d'un objet aimé a étonné l'orgueil, a brisé le bonheur de ceux qui ne savent pas compter avec les décrets de la Providence!... Et c'est là le positif, c'est là le réel, le côté raisonnable de notre existence? Non, non, je dirai toujours à tous ceux qui traitent de poésie l'accent des grandes émotions, la préoccupation des grandes vérités, que le réel de la vie est là où on ne voit pas de réalité apparente! Quelles jouissances sont comparables à celles qu'éprouvent l'esprit et la conscience, lorsque le premier, s'élançant à sa source, espère avec sécurité ; lorsque l'autre, se repliant sur elle-même, juge sans condamner? La partie matérielle de notre organisation a des jouissances qui n'ont aucun rapport avec cette volupté ou avec cette torture de l'âme qui suspend son action mixte pour se plonger, tout éveillée, dans un somnambulisme dont elle ne peut se rendre compte. Il y a des momens où la vie matérielle disparaît, lorsque la pensée s'abîme dans ce rêve par lequel elle s'élance à la grande réalité ! Ces momens, vous les saisissez par surprise dans certaines positions de notre être ; après certaines secousses morales inaperçues ; dans l'attitude que l'homme prend lorsqu'il sent l'enivrement d'un tableau de la nature, tel qu'il s'offre, et qu'on peut le goûter dans la vallée de Montmorency.

S'il y a quelque chose qui puisse retremper l'homme blasé de tout et courbé sous le poids de l'ennui, c'est, sans contredit, la variété et le prestige d'une nature champêtre qui seule a le pouvoir de répondre aux exigences de la curiosité et d'exciter la sève des plaisirs inconnus.

L'exceptionel de certaines positions sociales d'autrefois trouvait du nouveau dans la pratique des abus. La lutte même entre la tyrannie et le sentiment d'humanité, entre la victime et le sacrificateur, le contraste des classes soumises et des privilégiées avaient tout l'intérêt du combat, offraient des jouissances à l'orgueil satisfait et des délices coupables à l'amour-propre vengé... Maintenant que toutes ces voluptés féodales ont disparu, qu'il n'y a plus ni plaisirs ni droits réservés; les récréations de la vie, étant devenues communes et sans obstacle, ont baissé, par là même, de valeur.

Quelle a été la ressource de ceux qui, se sentant fatigués de leur état, parce qu'ils se trouvaient parqués dans l'enceinte de leur condition, désiraient d'en sortir ? Celle d'imiter ceux qui ne l'étaient pas et de goûter ce qui leur était défendu de goûter. Ce mélange fait sans mesure, sans dignité, sans prévoyance, produisit un débordement irréparable. Le masque tomba des deux côtés. Maintenant que les uns savent ce que valent les autres, tous se jugeant réciproquement, la monotonie d'action reparaît sur une plus grande échelle, et si on voulait y remédier, on se trouverait dans l'impuissance de reprendre ce qu'on avait quitté pour trouver quelque chose de nouveau.

Qu'y a-t-il donc de poétique et d'exagéré dans mon langage, si je dis qu'arrêté devant le spectacle d'une nature ravissante, telle qu'elle se montre à l'horizon de Montmorency, on peut goûter une de ces jouissances pures, un de ces plaisirs toujours nouveaux, qu'on pourrait rêver, et qu'on ne peut traduire que par cette espèce de magnétisme produit par un rapport indéfinissable entre notre âme et le grand mystère de la création, cet instinct timide et incomplet qui n'ose pas reconnaître son origine.

Oh! qu'on ne vienne pas à Montmorency pour ne faire que des courses à âne, pour s'élancer exclusivement à travers la forêt, sans aucune pensée sérieuse, pour passer d'un village à l'autre au grand trot, et pour inventer toujours le bonheur de bien manger au restaurant! C'est comme si on profanait un beau paysage de Claude, en y faisant peindre, par un barbouilleur de mauvaises toiles, des figures grotesques ou des femmes échevelées, montées sur des rosses épouvantables.

Les plaisirs champêtres ont tant de poésie, qu'il ne faut pas les dépouiller de leur caractère, et je trouve qu'on doit observer un certain *décorum* dans la manière de s'amuser, pour être toujours en harmonie avec les lieux qui offrent de pures jouissances. Le pâtre, le paysan, le chasseur, le braconnier, le marchand, le fermier, ont tous droit de bourgeoisie dans les bois et les vallées, aussi bien que les curieux, les flâneurs, les visiteurs du dimanche : les jeunes femmes, surtout, et les jolis enfans, y sont tous les bien-venus, car ils animent le tableau ; mais les lieux que la nature pare de son luxe, de sa variété bizarre, de ses formes prestigieuses peuvent, je pense, prétendre à une sorte de sympathie sérieuse de la part de tous ceux qui viennent peupler les sentiers solitaires de la forêt.

Si la parodie des modes de la ville données en spectacle dans ce sanctuaire champêtre de la vallée de Montmorency, n'est pas une profanation, c'est sans contredit un ridicule.

Il fut un temps où les bois étaient sacrés, où ils servaient de refuge aux hommes pieux, aux pélerins dévots, aux malheureux persécutés, aux chevaliers qui avaient pour devise : *Dieu, l'honneur et la dame.* Pourquoi, de nos jours, les transformer en théâtres de farces, incompatibles avec le culte qu'on doit à ces lieux? Mais je m'aperçois, ma chère amie, que je commence moi-même à me donner du ridicule par des remarques qui ne cadrent nullement avec mon sujet, et surtout avec la nature de mes réflexions. Et voilà pourtant ce qui arrive, lorsqu'on s'abandonne à tous les mouvemens de sa pensée, et qu'on abuse de la permission d'écrire tout ce qui passe par la tête. Vous auriez le droit, si vous étiez moins indulgente, de vous écrier : Quel style! quelle lettre! quel galimatias! Mais vous!.. je défie tout mon *non-sens* de réussir à vous impatienter ; comme je ne pourrai jamais imaginer quelque chose qui m'induirait à croire que vous n'êtes pas la meilleure et la plus aimable des amies.

Montmorency, ce 7 octobre 1845.

Il était trois heures du soir, le disque du soleil était voilé par des nuages transparens; la cloche de l'église avait cessé d'annoncer les vêpres, les femmes étaient déjà dans l'intérieur du temple. et l'orgue renvoyait dans cette atmosphère religieuse l'harmonie de ses accords célestes, mêlés aux chants des fidèles. Appuyée contre la porte du petit cimetière qui de la plate-forme de l'église descend vers la vallée, je restais immobile, dominée par l'impression indéfinissable du tableau qui s'offrait à mes yeux. Je cherchais à me rendre raison de la cause particulière qui produisait en moi une sensation si heureuse; je parcourais les objets en détail, mais je ne pouvais en fixer ni en préciser aucun. Etait-ce l'horizon rosé qui, s'enveloppant d'une brume pure et transparente, imite le rivage des côtes lointaines et symbolise en fuyant le triste adieu de la mer sans digues? Etait-ce ce nouvel Enghien qui a pris à la Suisse ses châlets, à l'Angleterre ses *cottages*, à Paris ses restaurans, à Baden-Baden sa vogue; cet Enghien, qui ayant, lui aussi, son gracieux lac, déploie sa voile, agite ses vagues, sans troubler les eaux bienfaisantes, qui savent guérir pendant qu'on danse, qu'on rit, qu'on s'amuse? Etait-ce l'aspect de ces collines toutes boisées, où les rayons du soleil folâtrant à travers le feuillage, essayaient, dans le contraste, le pouvoir des illusions et les caresses de leurs feux?... ou tous ces villages parsemés avec la bizarrerie merveilleuse du hasard, qu'aucune imagination artistique n'oserait déplacer, offrant chacun le sujet d'un souvenir intéressant, ou d'une simple curiosité historique? ou ce clocher de Saint-Denis, fier de son baptême, cette flèche, qui veut qu'on la reconnaisse partout, majestueuse, légère, dominant le reste de la plaine par son élévation, et la pensée par son nom? ou ce dôme des Invalides, qui s'élève et couvre de sa grande ombre un dernier laurier qui ne séchera jamais; ce dôme où l'on bénira, pour bien long-temps encore, le prince qui l'a érigé, dût-on oublier la grandeur et les faiblesses du roi de son siècle? ou cet arc de triomphe, diadème majestueux de la grande ville, le premier qu'illumine le soleil à son lever, le dernier auquel il adresse son salut d'adieu? Cet arc, belle apothéose d'une gloire aussi immense que stérile!... J'attendais pour trouver une réponse que je pusse donner à mes interrogations; j'attendais pour chercher une raison, pour signaler une cause, pour fixer un objet; mais cette extase, cette vague contemplation, cette fixité de pensée, qui n'avait point de mouvement, n'étaient produites que par cette voix intime qui me disait : Dans ce spectacle, il y a le fini et l'éternel, la nature et Dieu, la magie de la création et l'expression du pouvoir incompréhensible!... Ce que l'on voit, révèle ce qu'on ne voit pas; l'illusion optique produite par l'ensemble des tableaux, déployant sa force, enfante la sainte terreur de l'âme, qu'elle mêle à une ravissante impression... Saisis d'une émotion secrète qui rapporte tout cela à notre destinée, dans la volupté même de la jouissance, nous sommes troublés par l'idée d'une énigme qui nous regarde!!...

Je me trouvais, dans le moment où

je vous parle, sous l'influence des accords de l'orgue, et j'écoutais les paroles des psaumes, cette poésie du cœur pénitent, qu'on chantait dans l'église. J'y entrai, et je mêlai ma voix à celles des autres.

L'orgue est l'instrument du temple chrétien ; ses accords s'harmonient si bien avec l'accent de la prière, qu'en l'écoutant l'âme émue dispose la pensée à l'extase, et la conscience aux larmes du repentir et de l'espérance. On peut le croire, par ses sons, l'oracle du sanctuaire ; sa voix ressemble tellement à celle d'une révélation, qu'elle s'empare par un trouble mystique de toutes nos facultés. L'orgue, dans un temple païen, serait un anachronisme, il jurerait avec le culte de l'idolâtrie. L'Orient, qui en fit présent à l'Occident (1), n'eut plus le pouvoir de l'employer ni d'en comprendre les beautés, dès qu'il eut embrassé une religion de fanatisme et de débauches.

Le prière du soir a quelque chose de plus triste et de plus solennel que celle du matin. La lumière qui ne brille plus dans les parois des vitraux, laisse les murs et les colonnes se voiler d'une teinte sombre qui s'accorde avec le recueillement de l'âme et l'attitude suppliante des fidèles. Le soir, on écoute mieux sa conscience; aucune idée profane n'oserait se mêler à la concentra-

---

(1) Lorsque Constantin envoya le premier au chef des Carlovingiens.

tion religieuse. On s'humilie devant la croix instinctivement, car la pensée alors n'est occupée que de la fin des choses. La fin du jour nous parle naturellement de celle de la vie. De tels rapports pour l'être qui s'écoute, deviennent un catéchisme prêché par le sentiment, ils peuvent devenir des superstitions ; mais qu'y a-t-il de moins fondé et de moins raisonnable que le scepticisme, qui n'en est pas plus consolant pour cela ?

L'église de Montmorency, comparée à tant de beaux édifices du seizième siècle, qu'on trouve en France, n'est pas admirable : elle est composée de différens styles, et manque de cette uniformité qui fait la beauté de l'art. Les vitraux qui restent, ceux qui ont été sauvés du vandalisme de 93, sont d'une grande beauté; ils ornent le fond de l'abside, qui est la partie la plus ancienne. On s'occupe, dit-on, d'en confectionner de nouveaux pour remplir les vides des fenêtres latérales. Mais les nouveaux vitraux, plus corrects peut-être de dessin, n'auront point le caractère analogue à celui de l'ancien édifice. Il y a souvent dans l'imperfection de certains objets une beauté qui charme; mais ce charme disparaît dès qu'on veut la coriger, parce que c'est cette imperfection même qui rend fidèlement le caractère de l'art. Le talent n'a qu'à suivre la marche de la nature pour faire comme elle, et donner de la grâce et mettre de l'intérêt à des productions irrégulières, où certains défauts paraissent pour ainsi dire nécessaires. N'y a-t-il pas des monstres qui ont leur beauté?

Les anciens vitraux s'harmonient exclusivement avec le style gothique. Ils allaient bien même avec la première époque de la renaissance; mais les nouveaux, bien corrects sans doute, bien groupés, très réguliers et convenablement disposés, ne conviennent qu'aux édifices de notre époque. Il faut laisser aux productions artistiques le cachet de leur temps, si on veut les regarder comme symboles et témoignages de la société qui les a conçues. Les figures tracées sur les obélisques, les momies, les pyramides nous font connaître l'Egypte mieux que les pages d'Hérodote, et si, de nos jours, il y a une époque historique qu'il faut se garder de modifier ou de travestir, c'est celle du neuvième au seizième siècle, parce que tout y est marqué vigoureusement, parce que c'est d'après cette grande ébauche qu'on a commencé à dessiner les parties saillantes de notre édifice social actuel, et parce que chaque physionomie morale conservant son caractère particulier, chaque décoration matérielle a pu garder aussi le sien : repoussant ainsi toute fusion et tout mélange, chaque chose et chaque personne restaient alors dans l'attitude qui leur était propre. Les vitraux anciens étaient autant de légendes descriptives, et c'est par leur encadrement, par leur disposition, par l'expression bizarre de leurs traits, je dirai même par la dureté de leurs contours qu'on y reconnaît et qu'on y admire l'action et la croyance qu'ils représentent.

On m'a dit que les nouveaux vitraux destinées à la cathédrale de Montmorency devaient rendre les hauts faits de Mathieu Legrand, et d'Anne de Montmorency. Mais, de nos jours, la foi pour toutes ces belles figures historiques est tiède, sans prestige et sans culte ; l'admiration n'est restée que dans l'esprit de ceux qui en tracent l'histoire. Pour le peuple d'aujourd'hui, il n'y a que Napoléon ; pour l'aristocratie, il y a des souvenirs sans enthousiasme, très peu d'intérêt pour cette noble gloire d'illustration qui traçait le blason des états :

si on veut la ranimer par le secours de l'art moderne, on n'échauffera jamais assez la pensée pour faire qu'elle se prête à chérir une belle illusion. Napoléon a été le dernier grand poète épique sur la terre; après lui, l'enthousiasme a disparu, et la vraie poésie est allée se réfugier au pied de l'autel.

J'ai dit que l'architecture de l'église n'a pas un caractère marqué. L'édifice a été achevé, à ce qu'il paraît, au seizième siècle, par Anne de Montmorency; Guillaume, son père, qui l'avait commencé, n'avait fait que compléter et agrandir une très ancienne basilique, dédiée à saint Martin, et celle-ci même s'était élevée sur les ruines d'une autre, car, sous Charlemagne, l'an 800, il y avait à Montmorency un chapitre, qui était considéré comme un des plus anciens de la France; peut-être avait-il été institué par l'abbé de Saint-Denis, à qui la terre de Montmorency, ainsi que d'autres, appartenaient, dès leur origine féodale. Le chapitre et l'église s'étaient bien conservés sous les premiers barons, mais toutes ces ruines sont restées sans chroniqueurs, elles ont disparu sous d'autres masses de pierre, qui les ont cachées ou modifiées, et la dernière bâtisse restée en partie debout, mais ébranlée et croulante comme son siècle, a légué à celles qui l'ont remplacée, la moitié de sa primitive existence, ce qui cause l'inégalité de son architecture.

En Italie, en Espagne, ainsi que dans

quelques contrées de l'Allemagne, où il y a encore beaucoup de couvens, de monastères, et d'abbayes, on trouve dans les bibliothèques particulières des religieux, maints manuscrits qui rendent compte des événemens de l'époque, et qui vous prêtent le fil historique de leurs vicissitudes. Les moines, qui dans les premiers siècles furent architectes, peintres, maçons, et chroniqueurs en même temps, en parcourant les différentes contrées pour diriger la construction des temples chrétiens, par leur activité et par leur zèle, préservèrent d'une décadence totale les arts, les manuscrits et certaines traditions qui auraient été perdues sans leur jalouse surveillance. Les moines, dont le travail constant en tous genres, pour les lettres, pour la morale, pour l'histoire et pour les sciences, a été si utile à l'humanité, et si peu apprécié de nos jours, ont laissé, partout où ils ont vécu, la description des édifices qu'ils ont élevés, les particularités et les événemens qui les concernent, la biographie des personnes qui ont contribué à répandre les lumières et la foi, avec cette exactitude et cette simplicité qui étaient le cachet de leurs mœurs et de leur intelligence.

En entrant de nos jours dans ces vieux monastères, où l'atmosphère paraît ne s'être jamais changée, depuis des siècles, on s'attend à lire quelque chronique sur les murs de ces longs corridors parfumés de cyprès, et on a de la peine à croire que les moines soient de notre siècle, tellement ils sont exceptionnels, tellement ils se sont effacés du mouvement social qu'ils ont aidé de leurs lumières, mais auquel ils ne pourraient jamais plus s'associer : on a oublié leur mission d'autrefois, leur savoir, qui précéda la nouvelle civilisation, leur hospitalité, qui sauva bien des malheureux. On en veut à leur tranquillité, à leur institution, à leurs habits, on les condamne comme une anomalie de l'époque.

En feuilletant encore dans les archives de ces vieux cloîtres, on trouve toujours des parchemins précieux. Sir Walter Scott disait, avant de mourir : « J'ai encore à exploiter les mines les plus riches pour les chroniques de l'Europe, les couvens d'Italie et d'Espagne. »

Voyageant en Suisse, mon mari et moi, nous visitâmes, il y a trois ans, un de ces couvens qui était resté désert, parce qu'on en avait chassé de force les frères mendians qui l'habitaient. Maintenant, comme vous le savez, on n'a d'indulgence que pour les spéculateurs, et d'admiration que pour les novateurs *projetistes*; ce sont eux, à ce qu'il paraît, qui sont les honnêtes gens, les religieux ne sont que des intrigans et des êtres pernicieux. Or, ces frères avaient eu le grand tort de cultiver un beau jardin, d'avoir une église très propre et bien ornée, et de ne pas être misérables, grâce à quelques aumônes faites par des familles pieuses ; mais comme de nos jours il n'est permis d'être riche qu'à ceux qui jouent à la Bourse, ou à ceux qui montent sur les planches du théâtre, rien que de voir ces religieux, couverts d'un froc qui ne tombait pas en guenilles, leur couvent servir d'asile aux pauvres qui y accouraient pour être nourris, rien que de les voir jouir d'une certaine aisance, c'était une insulte pour une partie de la population en progrès !

Nous trouvâmes donc toutes les cellules ouvertes. Le couvent tout entier aurait pu servir d'hôtel à ceux qui auraient voulu en profiter ; à peine un gardien était resté à la porte. Dans chaque chambre il y avait une assez jolie bibliothèque ; et comme il ne fallait demander permission à personne pour feuilleter les livres, nous profitâmes de l'occasion pour chercher s'il y avait quelque chose de très curieux parmi les in-folios et les petits volumes disposés avec ordre. En effet, dans le peu d'instans que dura notre visite, nous trouvâmes une quantité de manuscrits qui pouvaient avoir quelque intérêt, entr'autres il y en avait un très vieux, mais encore bien conservé, qui rendait compte de tous les anciens vitraux dont étaient couvertes les arcades autour du cimetière : ils étaient magnifiques et parfaitement conservés. On lisait dans un des cahiers l'histoire précise de chaque tableau représenté par lesdits vitraux, l'époque du placement, le nom de l'artiste qui l'avait fait ; on mentionnait ensuite tous les fidèles qui avaient contribué à ériger ce monastère, qui datait du douzième siècle, et tout cela, avec une narration de légende admirable.

Nous fûmes enchantés d'avoir trouvé ce guide précieux, et nous nous en emparâmes sans remords de conscience. Une quantité de papiers contenaient des notes sur des ouvrages littéraires, des traités sur la philosophie Leibnitienne, et la théologie du père Petaux, qui témoignaient tous du travail et des occupations de ces religieux, qui dans le moment où nous visitions leur monastère, allaient vagabonds et proscrits, implorant partout l'hospitalité, sans pouvoir connaître leur crime, sans pouvoir plaider leur cause.

En France, où ces précieux dépôts ont en partie disparu dans le grand naufrage politique, avec tout ce qui appartenait aux corporations qui les possédaient, il n'est pas facile de se procurer les chroniques particulières de certains monumens, de certaines localités, de certains faits. Après avoir fait plusieurs tentatives infructueuses auprès des personnes que je pouvais croire instruites, je renonçai à l'espoir de quelque découverte dans ce genre, et je dus me borner à voir ce qui reste des anciens édifices.

Au pied de la grande église, il y a une muraille en briques, qui sert d'enceinte à l'élévation, d'un terrain de forme circulaire; on croit que c'était là la forteresse des premiers ducs de Montmorency. A peu de distance, on voit les débris d'une autre muraille, aussi en briques, mais d'une construction plus récente. Ayant interrogé quelqu'un qui paraissait connaître l'histoire de la localité, il me dit que c'était là où le grand Mathieu avait fait élever le château dans lequel il avait fait placer l'écusson avec les douze enseignes impériales, prises à la bataille de Bouvines. Ce château, à ce qu'il paraît, a été détruit au temps de la Ligue. En face de l'église, du côté du midi, dans le jardin de M. Prévost, on montre l'emplacement du dernier édifice, démoli de fond en comble, sans qu'une seule pierre soit restée pour en rappeler l'existence! Mais par quel événement a-t-il été détruit, le beau bâtiment qui portait le nom de *Château de Montmorency?* Dans quel combat féodal, dans quelle guerre étrangère, dans quelle lutte nationale?... La révolution peut-être a-t-elle enregistré dans le grand livre de toutes ses destructions celle de cette demeure seigneuriale? Ç'aurait été si peu de chose qu'une telle victime pour sa massue gigantesque, que cela ne mériterait pas la peine d'un souvenir... Rien de tout cela; point de drame, point d'événement extraordinaire, point de poésie dans cette disparition. Voilà le fait :

Lorsque tomba le colosse couronné, enfant de la révolution, enfant ingrat, qui, se moquant d'elle, et se jouant des peuples et des diadèmes, voulait tout remettre à neuf, mais tout remettre sous l'égide de l'unité du pouvoir avec le prestige de la gloire et l'enseigne de l'égalité, la *bande noire*, fantôme impitoyable qui plane, avec sa main de plomb et sa veste de bourreau, sur les grands édifices, parut pour les écraser et vendre à l'encan les membres mutilés de ses victimes, jusqu'à la dernière poignée de la poussière, dont elle arrache la dernière obole, qui enfante la dernière ironie de son sourire !... C'est la bande noire qui brise la presse monumentale partout où elle peut la saisir... La bande noire, société nouvelle, née de la nouvelle civilisation, qui portant aussi pour devise : *progrès des intérêts matériels*, cherche partout sa proie pour l'évaluer, la marchander et lui crier, avant de la frapper de sa hache, ces mots : « *Tu as vieilli!* »...Tu as vieilli... mais c'est le mot du siècle, c'est le mot proféré par tous les nouveaux catéchismes politiques et littéraires, c'est le mot que la société nouvelle jette à l'ancienne, le mot que la féodalité fit entendre à la conquête, et que la royauté à son tour, renvoya à la féodalité envahissante ; c'est le mot que les villes et les communes achetèrent le droit de dire à l'une et à l'autre.

La révolution proclama avec non moins d'audace que de force cette parole de la nouvelle société, et comme Bacon avait dit qu'il fallait recommencer l'entendement humain, la révolution s'écria avec une voix menaçante, qu'il fallait renouveler la société elle-même... Et maintenant!... maintenant on entend répéter chaque jour : *tu as vieilli*, non de huit siècles, non de trois, de deux... tu as vieilli d'un an, d'um mois, peut-être d'une semaine ! La bande noire donc, ne fait que suivre la civilisation, impatiente de tout modifier, de tout corriger, de tout changer, pour se faire honneur des innovations. L'une en veut aux édifices, aux monumens, aux autels ; l'autre aux institutions, aux mœurs, aux distinctions sociales, aux croyances ! Si on peut reprocher à l'une d'être le fossoyeur des souvenirs historiques, on doit avouer que l'autre travaille à les faire oublier et à matérialiser les sentimens.

A chaque époque différente, depuis

le quatrième siècle jusqu'à nos jours, la civilisation qui s'est présentée avec un nouveau programme, a été la bande noire de celle qui l'avait précédée. Ainsi, si la bande noire réduit à de très petites dimensions ce qui était grand, la civilisation exagère à plaisir ce qui était petit. Et quels sont de nos jours les doctrines et les faits qui, par leurs principes et leurs résultats, n'aient quelque ressemblance avec ce représentant destructeur qu'on appelle la bande noire?

Après tout, sans chercher à blâmer, on peut dire que ce sont les nouveaux propriétaires bourgeois qui aiment à détruire ce qu'ils ont acheté des grands seigneurs. Ils ne veulent point laisser la trace des anciens noms ; ils veulent que tout commence avec eux, et qu'on ne dise pas de leurs demeures : *C'est l'ancien château* du *duc*, du *comte*, du *marquis*... Venez ici, dans les environs de Montmorency, et vous serez convaincue de ce que j'avance. La société entière ayant été déplacée, les monumens devaient l'être aussi. Et, après tout, il faut avouer que les châteaux avec leurs tours, leurs remparts, leurs donjons, leurs voûtes massives, seraient un parfait anachronisme avec la physionomie pacifique et tranquille de notre époque. On peut dire, sans trop d'optimisme, que notre siècle est le premier où commence à disparaître l'élément de guerre, et ce besoin d'hostilités permanentes inhérens aux générations qui nous ont précédés. Il y avait germe de guerre entre les restes de la civilisation ancienne et la barbarie envahissante et dominatrice des premiers siècles de la moderne Europe. Il y avait germe de guerre, ensuite, entre le vassal noble et le maître-roi ; germe de guerre entre souverain et souverain, lorsque l'intérêt général se résumait dans l'individu qui occupait le trône, lorsque le trône était l'État, et lorsqu'il y avait inégalité de forces, inégalité d'influence, inégalité de droit dans la balance politique. Mais la guerre de peuple à peuple devient impossible, ou au moins tellement exceptionnelle, qu'il serait absurde de croire qu'on puisse replacer les États dans leur ancienne attitude. D'après cela, je ne m'étonne pas qu'on veuille peu à peu faire disparaître les anciens châteaux qui n'ont plus ni utilité ni valeur, et qui ne sont nullement l'expression de l'architecture sociale. Ce sera le deuil de l'histoire et des romans, celui du chroniqueur et de l'antiquaire qui iront chercher ailleurs l'Europe ancienne.

Revenant à mon sujet, je comprends donc qu'il serait inutile de chercher à Montmorency les belles ruines féodales et des traces des monumens historiques de ce genre ; ainsi je me contenterai de celles que j'ai trouvées rassemblées avec soin, imitées avec exactitude, poétiquement coordonnées dans le jardin de M. Denoyers. Je serai satisfaite de ce roman monumental; et quant à cet amas de briques qui dénoncent les anciennes bâtisses, sans pouvoir témoigner ni de leurs formes, ni de leur caractère ancien, je renonce à les interroger, et je me résigne à dire : *Ici la curiosité historique n'est pas permise :*

Sic omnia fatis
In pejus ruere ac retrò sublapsa referri.

A Montmorency, il n'y a de monumens du passé que les vieillards de quatre-vingt-dix à cent ans. Entre autres, il y en a trois qui sont vraiment remarquables ; et comme j'aime beaucoup ces légendes vivantes, j'en fais quelquefois ma société, et je suis toujours satisfaite du temps que je passe avec eux. Je vous parlerai, dans ma prochaine lettre, de ces oracles centenaires ; en attendant, permettez-moi de vous gronder de votre silence. Je ne vous connais pas paresseuse, je vous sais, ou, pour mieux dire, j'aime à vous croire jouissant d'une bonne santé, et pourtant je ne reçois que rarement de vos nouvelles. C'est que vous habitez la Sicile, où, plongée dans le ravissement d'un climat qui fait bien des jaloux, vous nous traitez en personnes déshéritées des trésors d'une nature si heureuse, et vous nous oubliez...

Montmorency, ce 17 octobre.

L'autre jour, une dame parisienne, jeune et jolie, à peine arrivée ici, demanda un âne pour aller faire des courses dans les environs. Avant de se placer sur le fauteuil carré qu'on pose sur le dos de la bête, elle dit à la personne qui allait l'accompagner : « Menez-moi, avant tout, à la demeure de Jean-Jacques ! » La maîtresse de l'âne croyant tout bonnement que la jeune dame voulait aller à la maison de chasse, pour faire une bonne course, puisqu'elle allait à âne, dirigea son animal du côté de la forêt, lui fit traverser Andilly, et, après avoir couru, pendant deux heures, à travers les petits sentiers, arriva là où l'aimable Parisienne n'avait nullement l'intention d'aller. Tout étonnée de voir un assez grand nombre de personnes occupées à manger et à boire dans un endroit très sombre et très humide, madame de... se disait à elle-même : « Comment donc, la demeure de ce grand écrivain, de l'auteur de la *Nouvelle Héloïse* et des *Confessions*, l'asile de cet homme qui avait tant de génie et tant d'éloquence, est changé en restaurant !...C'est pousser la profanation un peu loin ! » Son cœur sensible se révoltait à cette idée, et elle s'écriait : « On doit donc métamorphoser tout, même les modestes et inoffensives demeures de ceux qui ont illustré le passé ! Quelle terrible épigramme pour notre civilisation ! Est-elle donc, cette civilisation, pire que la guerre, car elle ne peut pas alléguer, comme celle-ci, la nécessité et les intérêts de l'État, l'influence politique, les réclamations de l'honneur national. « Que je suis fâchée, se disait-elle, de n'être pas venue auparavant !... peut-être aurai-je encore trouvé le rosier de Jean-Jacques. » Et, voulant connaître jusqu'à quelle époque elle pouvait fixer ses regrets, elle demanda à la femme qui la conduisait s'il y avait long-temps que ce restaurant était là. « Mais, pas mal de temps, » répondit son guide. Indignée alors de ce qu'après avoir été trompée par l'illusion qu'elle s'était faite, elle ne trouvait qu'un spectacle bien vulgaire, à la place d'un souvenir plein d'intérêt, madame de... s'empressa de retourner à Montmorency, pour jouir de la vallée, et prendre la route de Paris, passant par Enghien qu'elle n'avait pas encore vu... En cela, il n'y a rien d'étonnant, car, en hiver, comment quitter Paris, ne fût-ce que pour une demi-journée? Les engagemens, les visites, les billets à écrire, la crainte de ne pas arriver à temps pour un dîner ou pour une soirée, les entretiens avec la couturière, les séances de la Chambre, la lecture des journaux et des revues; l'affaire importante des visites, des quêtes, des loteries, tout vous fait une loi suprême d'y rester; et lorsqu'on se résigne à s'en éloigner pendant l'été, on va à Londres, ou à Baden-Baden, ou dans les Pyrénées; en hiver, on se rend à Rome, à Naples, en Palestine; voyage très à la mode, qui donne de la considération.

Pour ma bonne fortune, je rencontrai cette dame élégante et gracieuse, que j'avais eu le plaisir de connaître à Paris, au moment où elle venait de descendre de son triste coursier. Instruite de sa mésaventure, qu'on devait attribuer à ce que madame de... avait dit : « Conduisez-moi à la maison de Jean-

Jacques, » au lieu de dire : « Menez-moi à l'Ermitage, » mot technique pour les âniers et les ânières, je m'empressai de réparer ce fâcheux contre-temps, en la dirigeant là où elle désirait aller.

Il est impossible de mieux imiter le transport d'un vieux touriste, que la jeune Parisienne lorsqu'on l'introduisit dans la chambre du philosophe humoriste, si ingénieux à se rendre malheureux. Le fauteuil, le lit de Thérèse, le lit de Jean-Jacques, les cloches qui couvraient ses lampes, le canapé, le fauteuil, le portrait du philosophe, un morceau de tapis, une petite veilleuse, tout fut inventorié avec l'exactitude d'un connaisseur. La petite table en bois, bien sale et bien chétive, donna à madame de... quelques doutes sur son authenticité, car elle ne voulait pas se persuader que Jean-Jacques n'aurait pas été dégoûté d'écrire sur un meuble si misérable. Elle avait oublié que certains auteurs, et surtout les poètes et les philosophes, mettent souvent de la vanité à tracer leurs pensées même sur les murs de leurs prisons, lorsqu'on leur a fait le tort de les persécuter. On dit qu'Horace, qui aimait beaucoup la bonne chère, écrivait souvent ses satires dans la cuisine; et j'ai connu un diplomate très spirituel, mort il n'y a pas long-temps à Francfort, qui se plaisait à rédiger ses dépêches dans la pièce où travaillait son cuisinier, pour lui donner des conseils. Mais quand on montra dans le jardin la pierre placée à côté du petit ruisseau où Jean-Jacques venait s'asseoir pour être mieux inspiré, madame de.... voulut occuper sa place, en disant : « Je conçois *qu'ici on écrive des lettres comme celles qu'on ne rend pas.* » Le buste de Grétry fut aussi admiré par madame de...; et comme elle est musicienne, elle tâcha de se rappeler quelque ancien morceau du *Tableau parlant.*

Le nom du propriétaire actuel de cette maison l'étonna un peu ; elle croyait que ce charmant *cottage*, que madame d'Épinay avait fait bâtir pour Jean-Jacques, en lui disant : *Mon ours, voilà votre asile*, appartenait encore aux héritiers de M. Grétry, sans se douter nullement que le procès fait par les Liégeois, pour obtenir le cœur de ce grand musicien, avait complétement ruiné le pauvre M. Flamand, neveu du compositeur.

Je n'ai jamais compris comment on peut faire un procès pour avoir le cœur d'un cadavre, qui n'a aucun droit à l'apothéose! Un cœur glacé pour toujours, un morceau de chair qu'on n'ose pas toucher, qu'on n'ose pas même regarder, qui n'est qu'une pourriture, une misère! Le procès d'un cœur, c'est le cœur même qui l'a fait lorsqu'il battait. L'homme, poussière qui retourne à la poussière, pour toucher de nouveau ses membres palpitans, doit attendre le jour de l'éternelle justice, lorsque la terre, au retentissement de la voix de l'archange, sera obligée de remettre le dépôt des ossemens des siècles. Je conçois que l'on tienne à conserver les meubles, les ornemens, les bijoux; tout ce qui a été porté par les personnes qu'on a aimées, tous les objets dont ont fait usage les êtres qui nous ont été chers... deviennent précieux, car on peut s'en servir et les porter soi-même. On chérit la bague de sa mère, la tabatière de son aïeul, la montre de son père; les regarder souvent, en faire des reliques, leur vouer les émotions de la tendresse, tout cela est bien naturel. Je conçois même qu'on puisse garder les cheveux... Oh! les cheveux se prêtent à merveille au culte du sentiment ingénieux à les agréer comme gage ou comme talisman.

Les souvenirs, cette exclusive et précieuse faculté de l'esprit et du cœur humain, puisent leurs larmes, leurs douleurs, leurs inépuisables regrets, les consolations qu'ils accordent, les douces illusions qu'ils font naître, dans ces objets qui, donnant une nouvelle existence à la personne qui n'est plus, la rendent inséparable de nos affections? Mais le cadavre d'où s'est échappée l'âme qui s'y était identifiée, et qui a cessé de lui appartenir dès qu'elle s'en est détachée, doit rester à la tombe; et gardons-nous de mettre en procès la proie de la mort. La religion, dans la conservation des restes des bienheureux, a pour objet la vénération et le culte des chrétiens; ainsi, c'est d'après une idée pieuse que les corps des saints, ou une partie de leurs ossemens, sont déposés dans le temple du Seigneur. Cette idée ne doit pas être empruntée par un sentiment profane, ni suivie par un simple intérêt d'amour-propre.

Madame de..., enchantée de sa visite à l'Ermitage, après avoir cueilli une branche du rosier qui fleurit à côté de celui où on lit encore :

Je l'ai planté, je l'ai vu naître,
sortit avec moi de la modeste demeure de Rousseau pour retourner à Paris. A la porte, nous trouvâmes un vieillard octogénaire qu'on appelait le père Michel ; il est aveugle, et depuis près de cinquante ans il vit en demandant l'aumône à la grille de l'Ermitage. Sans

craindre l'anachronisme, nous supposâmes que le père Michel était le même vieillard à qui Jean-Jacques faisait toujours l'aumône, et au sujet duquel il écrivait à un de ses amis : « Ma conscience est plus contente des deux sols que je donne à un pauvre vieillard qui, ne pouvant plus travailler, se meurt de faim dans ses vieux jours, que des cent liards que j'aurais distribués tous les jours à tous les gueux des remparts. » Madame de... quitta Montmorency, désolée d'apprendre qu'aucun grand poète, aucun écrivain remarquable de nos jours ne s'était établi près de l'Ermitage.

Plusieurs personnes s'étonnent, en effet, de ne pas trouver, à Montmorency, quelque célébrité littéraire, jugeant, avec raison, la ravissante vallée comme l'endroit le plus propre à l'inspiration. Mais les temps sont changés ; ce qui était nécessaire autrefois, ne l'est plus à l'époque où nous vivons ! Jean-Jacques disait : « Écrire pour avoir du pain eût bientôt étouffé mon talent, qui était moins dans ma plume que dans mon cœur. Rien de vigoureux, ajoutait-il, rien de grand ne peut partir d'une plume toute vénale. La nécessité, l'avidité, peut-être, me feraient faire plus vite que bien. ». Et comment voulez-vous que de telles maximes puissent trouver des imitateurs, dans un temps où il y a une profession de foi entièrement contraire ? Les écrivains, du temps de Jean-Jacques, avaient besoin de se retirer pour méditer et mettre leur âme en harmonie avec les grandes pensées. On aimait alors à emprunter, de la religieuse tristesse des bois, une belle inspiration; on voulait créer un ouvrage admirable qui eût été conservé dans les archives des siècles; on était sévère pour ses productions, et on regardait la postérité comme le juge auquel la conscience de chaque auteur en appelait. Montesquieu resta vingt ans à écrire quatre volumes. Jean-Jacques employa tout le temps de son séjour à l'Ermitage et à Montmorency, pour écrire son roman. Maintenant, on publie trente à quarante volumes par an, un roman chaque semaine, une nouvelle, même deux chaque jour; et comment faire autrement? On doit amuser et donner des émotions à tout le monde, et tous les jours, car tout le monde maintenant sait lire, et veut se distraire tous les matins et tous les soirs. Maintenant, un écrivain veut s'émanciper de tout ce qui gêne sa pensée; la liberté doit être entière, la tolérance doit être complète; il faut partout et en tout de la nouveauté et des nouveautés. Ne trouvant plus d'admirateurs de l'amour d'autrefois, on tâche de présenter l'amour, ce grand levier de tous les romans, de toutes les nouvelles, de tous les contes, de toutes les histoires, de tous les cultes, de toutes les poésies, de toutes les proses, de tous les régimes, de tous les lieux, de toutes les époques, on tâche, dis-je, de le présenter, ou terrible, ou dépouillé de ses charmes, ou ridicule; et, quand on s'est fatigué de lui avoir donné de l'importance, on lui donne le second rôle, au lieu du premier; quelquefois même le troisième.

La mode, prestigieuse et toute puissante autrefois, est traitée, de nos jours, bourgeoisement et sans plus lui permettre de garder le cachet des hiérarchies sociales, on la dépouille de sa dignité, de son aristocratie, de ses allures exceptionnelles, pour lui accorder les avantages de la popularité, faisant ainsi jouir de ses bénéfices la femme du décrotteur, aussi bien que la dame du château. Comme tout autre pouvoir, la mode a subi une révolution dans le principe et dans l'application ; ainsi, au lieu de parler en souveraine, elle supplie le feuilleton et les petits journaux de la protéger, de la soutenir et de la populariser.

Quelque biographie, quelque article artistique, de très beaux morceaux de critique littéraire, beaucoup de polémiques religieuses, des romans de tout genre, quelques mélodrames ou vaudevilles, et des milliers de feuilletons, voilà ce qui occupe la pensée et la plume de bon nombre d'écrivains la plupart d'un talent très distingué ; et pour tout cela, pour toutes ces créations journalières, le *silentium et otia* ne sont pas plus nécessaires que la belle campagne et l'inspiration d'une riante vallée. De nos jours, on ne prend rien au sérieux, pas même le plaisir; et si l'on va à la campagne pour s'amuser, on s'y amuse comme on s'amuse en ville.

Après tout, si la littérature, telle qu'on la fait, rapporte beaucoup d'argent, on aurait bien tort d'agir autrement. D'après les principes d'économie politique, le travail est une richesse; celui de l'esprit doit donc être employé, quand on le peut, à réaliser cette richesse; et puisqu'on veut être amusé plutôt qu'instruit; puisqu'on veut largement payer les passagères émotions de tous les jours; puisque la masse veut une pâture légère pour bien remplir les heures d'oisiveté, et qu'on trouve à exploiter richement les mines inépuisables de la curiosité et de la crédulité, on fait bien de satisfaire toutes les exigences de l'esprit, qui appartiennent à notre époque, à notre société, à nos goûts blasés, à nos mœurs sans cachet, à la mobilité de nos sentimens, à la fluctuation de nos idées. Ceux qui, selon le calcul des intérêts matériels, regardent le fruit de leur féconde intelligence comme une marchandise, ne font que suivre la marche tracée par notre civilisation.

Autrefois, on ambitionnait une haute gloire littéraire ; les hommes éminens n'aspiraient qu'à la simple renommée de leurs talens ou de leur génie, heureux s'ils pouvaient se flatter d'atteindre, par leurs ouvrages à l'immortalité de leur nom, sans songer à l'intérêt financier; maintenant l'homme de lettres veut avoir une grande fortune et une réputation politique. Pour la première, il y a les feuilletons (excitans bien lucratifs) et la Bourse (religion universelle, arbre dont les fruits d'or sont la tentation de tous les cœurs et de tous les esprits). Pour la seconde, les portes du sénat étant ouvertes au talent, l'homme de lettres vise aussi à se tracer un chemin, à se faire apprécier à la tribune nationale, afin de parvenir au pouvoir. Le poète, le philosophe, l'historien, qui ont leur fauteuil à l'Académie, peuvent l'avoir aussi au palais Bourbon ou au Luxembourg; ainsi, s'ils vont quelquefois, et pour quelque temps à la campagne, ils y apportent des pensées sérieuses, des pensées législatives, ou la préoccupation des chemins de fer et d'autres spéculations. Trouvant que la colline, le bois et les champs ne sont ni une tribune, ni la Bourse, ils ne peuvent plus leur vouer ce culte, ces affections qu'on leur vouait jadis, ni leur accorder cette préférence que les lettres et la science leur assuraient autrefois.

Il en est de même pour les Grétry de notre époque. Le calme de la campagne tuerait l'inspiration des nouveaux compositeurs; l'harmonie suave du tableau de la nature arrêterait ce dévergondage de bruit musical qu'on est convenu de prendre pour de l'harmonie! De nos jours, on exige que l'on crie, que l'on déclame, qu'on se débatte ! Il faut qu'on chante avec des exclamations de mélodrame ! On a changé la définition de la mélodie, qui autrefois n'était que la douceur des accords, la grâce de l'expression, l'agilité décente et soignée de la voix, la méthode pure en un mot. Maintenant c'est le cri aigu, l'élan robuste et impétueux de l'organe, les efforts de la voix retentissante dans l'expression de n'importe quel sentiment ; c'est tout cela qui plaît, qui satisfait le parterre, qui attire *les bravos* et excite l'enthousiasme ! Les compositeurs donc doivent se prêter, pour gagner beaucoup d'argent, à ce goût presque féroce du public, en écrivant des phrases musicales qui peuvent entraîner la voix à de tels débordemens *fashionables*. Rossini, le seul qui de nos jours ait un véritable génie (les autres n'ayant que beaucoup du savoir comme les Allemands, ou un talent distingué tels que beaucoup d'Italiens et de Français), Rossini avait tâché de modérer cet abus, dont il prévoyait les funestes résultats pour la pureté du sentiment musical ; mais lorsqu'il a vu que, malgré tous ses efforts et son autorité, il ne pouvait empêcher cette profanation de la bonne école, il a préféré s'en moquer dans la retraite, laissant à d'autres ce qu'il a appelé *les succès de corps-de-garde*.

Le jour où, fatigué de cet état d'excès en tout, on reviendra, en musique comme en littérature, à des accens doux, passionnés sans exagération, corrects sans pédanterie, vrais, touchans, simples, on croira avoir fait une découverte, et le goût, le vrai goût sera une nouveauté précieuse pour les personnes qui ne l'ont pas connu ou qui l'ont oublié.

Mais je reviens à mon thème. L'amour de ce bruit, la nécessité de ce travail de tous les jours, la préoccupation continuelle des grands projets et de tous ces bénéfices, qui se *cotisent* d'une manière ou de l'autre, empêchera les personnes qui voudraient même jouir de la campagne, de trouver le temps pour l'habiter. Les retraites paisibles ne sont plus à la mode ; elles ne sont même plus une position comme elles l'étaient pour les infortunes d'autrefois. La raison en est toute simple, les favoris et les favorites n'existent plus ; les bannis politiques ne sont plus de l'époque : M. de Châteaubriand, madame de Staël et madame Récamier sont les dernières illustrations de l'exil. Quant aux ministres, il n'y en a plus de disgraciés ; ceux qui quittent le pouvoir espèrent le reprendre à la première circonstance favorable ; les places qu'on garde ou celles dont on se démet ont une intermittence constante pour tout le monde. De nos jours, on sait se consoler de tous les malheurs, et on cherche plutôt à les utiliser qu'à se persuader qu'ils sont irréparables. Le mouvement de l'organisation sociale est tellement rapide, tellement accéléré, qu'on n'a pas le temps de s'affliger, ni de juger sa position.

Cette petite visite à l'Ermitage a fait naître toutes ces divagations que je vous retrace fidèlement, pour vous montrer que je ne veux rien vous cacher de ce que je pense. Si vous avez le temps de vous ennuyer, lisez cette lettre, autrement, brûlez-la, mais écrivez-moi toujours.

Montmorency, ce 23 octobre.

Un jour, au commencement de mon arrivée à Montmorency, en passant par une rue, au bas de l'église, je vis devant la porte de la maison d'un ouvrier, qui était occupé habituellement dans le jardin de M. Denoyers, une jeune personne étendue sur un grand fauteuil. Son visage était joli, gracieux, expressif, mais elle paraissait *dolente* et abattue; le souffle de la vitalité s'évaporait ; elle ressemblait plus à un rêve qu'à une réalité; ses cheveux blonds s'harmoniaient avec son teint de lis, qui ne paraissait plus animé par la circulation du sang. Ses vêtemens étaient très propres, elle tenait la tête baissée, et appuyait ses mains décharnées sur un livre entr'ouvert. Une femme était à côté d'elle. L'attitude de la jeune personne annonçait l'agonie d'une bienheureuse; la femme paraissait la soigner : c'était la mère qui avait traîné le fauteuil près de la porte, pour satisfaire le désir de sa pauvre fille; en proie à de fortes souffrances, celle-ci, pour se distraire, désirait regarder les passans, puisque la journée était belle. J'entrai dans cette maison, qui annonçait une pauvreté laborieuse; j'appris que cette jolie créature était gravement malade depuis des années, mas elle ne m'en dit rien; elle me remercia seulement d'être entrée pour la voir. A compter de ce jour, je ne cessai de la visiter, et aujourd'hui que je vous écris, cette jeune personne, si résignée, si angélique, si douce, si gracieuse, a cessé de vivre ! elle n'est plus qu'un songe, mais un songe qui fait du bien. Je suis sous l'impression de sa mort, et je ne puis, en commençant cette lettre, que vous parler d'elle, de cette Rose-Marie Renard, fille d'un plâtrier, qui en souriant rendit le dernier soupir, à l'âge de dix-huit ans ! Un peintre, qui aurait eu à représenter un séraphin, l'eût prise pour modèle. Qu'il était beau son visage, rayonnant de la pureté de son âme! Cette joie qui dominait sa pensée dans le moment où la mort frappait son dernier coup, était le plus beau triomphe de l'innocence sur le remords. Que pouvait-elle craindre? elle aimait son Dieu! Elle n'avait qu'à espérer. En la regardant, chaque personne qui l'entourait se disait, peut-être, à elle-même : « Pourrai-je sourire comme Marie, lorsque la tombe s'ouvrira devant moi?» Cette question instinctive était *peut-être* accompagnée d'un trouble accusateur, qui faisait envier le bonheur exprimé par la mourante; et ce bonheur, cette joie, cette sympathie du dernier souffle de la vie avec le sort qui l'attendait, me paraissaient tellement sublimes, que je voyais disparaître devant moi tous les vains prestiges de l'existence, toutes les promesses mensongères de l'orgueil humain! Un sentiment de mépris succédait à l'admiration pour les mesquines jouissances du rang, de la fortune, des projets politiques, qui, dans ce monde, enfantent les illusions de chaque jour.

La mère de Marie avait déjà perdu trois enfans, et depuis quelques mois son cœur lui prédisait la fin de cette infortunée qu'elle chérissait avec cette tendresse qui grandit à mesure qu'on craint pour les jours de l'être qu'on aime. Depuis deux ans, Marie restait couchée dans un fauteuil, la tête courbée par la souffrance, les jambes gonflées, les mains déformées, la poitrine affectée. En proie à de cruelles douleurs, la pauvre fille ne pouvait se permettre le moindre mouvement, tant son corps était déchiré par des plaies que l'art s'était déclaré incapable de guérir. Hélas ! elle n'avait à espérer d'autres soulagemens que ceux qu'elle pouvait obtenir de son âme pieuse ; ainsi, elle le savait, elle acceptait son sort avec joie, et si je pouvais la juger d'après mes impressions, elle me paraissait aimer même ses tourmens, qui devaient peut-être, dans sa pensée, lui aplanir le chemin du bonheur éternel, dont elle était préoccupée.

Cette jeune personne, qui résumait en elle toutes les souffrances, lorsque je l'approchais, n'en accusait aucune, sa réponse, à chaque demande qu'on lui adressait sur sa santé, était qu'elle allait assez bien; elle remerciait avec grâce, pour les visites qu'on lui faisait, et jamais aucune plainte ne s'est échappée de sa bouche. Courage admirable! résignation sublime, qui m'étonnaient chaque fois que je pouvais contempler la force de cette âme chrétienne, qui, dans son calme, grandissait aux yeux de l'admiration. Les martyrs avaient, pour les assister dans le moment du supplice, l'enthousiasme du combat pour la foi; la force de l'exaltation pour défendre le vrai contre le faux, la justice contre la tyrannie. Ils savaient que leur sang devait servir de rédemption à l'incrédulité, que leur mort était un défi à l'erreur, et que ce sacrifice devait être un triomphe couronné de la palme des apôtres; *mais la mort est un moment, la douleur est un siècle.* Marie, malade, avait souffert des douleurs aiguës pendant bien des années ; son martyre de tous les instans était sans enthousiasme, sans exaltation, sans mission, sans combat ; il était sublime sans spectacle. La soumission à la volonté suprême, voilà la force par laquelle la douleur était vaincue. Tant que ses souffrances le lui permirent, elle faisait la lecture des livres saints, que madame Denoyers et le vicaire de Montmorency lui prêtaient. Lorsqu'elle lisait, le plus souvent elle souriait, et sa mère me disait qu'elle se sentait soulagée après la lecture de l'Evangile ou de quelque vie des bienheureux. Tel est le pouvoir des grandes vérités qui dominent l'esprit; telle est l'influence des grands exemples qui exaltent nos facultés intellectuelles, pendant que notre corps, torturé par les douleurs, témoigne de la dégradation de sa nature.

Trois jours avant sa mort, la mère de Marie vint m'avertir que la pauvre enfant avait demandé au vicaire la consolation des derniers sacremens; le vicaire voulait en remettre l'administration à huit jours, craignant de trop affecter la malade. « Non, lui dit Marie, avec résolution, il est impossible de différer, il faut que ce soit demain, car après-demain je n'y serai plus. » Elle insista tellement auprès de l'excellent pasteur, qui ne l'avait jamais abandonnée, qu'on lui accorda ce qu'elle demandait. Dans ce dernier jour, cette jeune fille, qui paraissait si contente du sort qui l'attendait, fut vraiment sublime; prenant souvent la main de sa mère, elle lui disait : « Ma chère mère, nous serons bientôt, et pour toujours ensemble, sans chagrin et sans soucis. » Etonnée presque des larmes qu'elle voyait verser à celle qui lui avait donné le jour : « Pouvez-vous, ajouta-t-elle, pleurer de ce que je vais être heureuse? Oui, je vais l'être, je vous l'assure, je le sens, mon cœur me le dit. » Marie prononçait ces mots avec l'accent de la joie, comme si elle eût entendu la voix du Christ lui dire : *Venez auprès de moi, vous que j'ai chérie* ; puis elle embrassa sa sœur, à laquelle elle aurait voulu faire partager son contentement. On aurait dit qu'elle prenait congé du monde avec l'accent de la grâce. Tournant ses regards vers moi, elle me remercia de ce que j'avais été la voir si souvent, mais d'un son de voix si touchant et si naturel, qu'elle semblait vouloir me dire : « Sans adieu, bonne dame, car je serai toujours avec vous, et vous tous qui m'entourez, vous serez avec moi. » Il y avait dans l'expression de ces paroles, quelque chose de céleste et de consolant, qui contrastait avec le deuil qui s'était emparé du cœur de ceux qui assistaient au spectacle de son agonie... Le jour même qu'elle l'avait annoncé, en répétant les versets des psaumes, Rose-Marie Bernard ferma les yeux avec un sourire qui ne ressemblait nullement à celui qu'on avait l'habitude de voir sur ses lèvres.

Le sublime est disparu, la misère est restée. Cette pauvre maison de l'ouvrière a abrité quatre fois le cercueil mortuaire; quatre cadavres sont sortis de sa porte! Le deuil, en permanence dans le cœur de la malheureuse mère, ne peut pas même être soulagé par des larmes; les maladies de ses enfans et de son époux ont dévoré sa petite fortune; et, lorsqu'elle voudrait pleurer, elle doit songer à gagner de quoi vivre. *Plorans filios suos et noluit consolare quia non sunt.*

Excusez, chère amie, si, dans cette lettre, je vous ai entretenue exclusivement d'un tel sujet; mais quand on a assisté à de pareilles morts, on ne peut pas les oublier. *Il n'y a pas de morale indulgente et facile qui puisse affronter la lueur de la lampe mortuaire au moment où nous sommes persuadés de quitter la vie*, écrivait madame la duchesse de Broglie dans une lettre à M. Schlegel. Eh bien, je puis dire, moi, avoir observé dans la mort de la jeune fille, de l'ouvrière, une exception à cette belle et juste maxime; et je dirai toujours : J'étais là... je l'ai vu... tant pis pour ceux qui ne le croient pas !

Montmorency, 27 octobre.

Quand on sait que le vieillard qu'on rencontre dans les rues a atteint le siècle, ou qu'il est près de l'atteindre, on s'arrête, on le regarde avec étonnement, puis on voudrait lui parler et le questionner, et on finit par désirer d'être son ami, quelle que soit la classe à laquelle il appartienne ; le siècle incarné et vivant égalise tous les rangs. Il nous paraît qu'une si longue existence a des garanties à nous offrir, et nous aimons, sans nous en rendre compte, à nous familiariser avec cette solennité de l'âge, pour interroger le voyageur qui a parcouru un si long chemin ! Ainsi un centenaire debout nous frappe et nous console; et s'il n'a pas perdu l'usage de ses facultés intellectuelles, nous regardons comme une bonne fortune de pouvoir causer avec lui... Le temps est beaucoup pour celui qui peut le marquer, chacun voudrait en avoir la plus grande portion possible, pendant qu'on est ici bas, *où il y a un temps*.

La rencontre de quelque vieillard monumental, ainsi que je vous l'ai déjà dit, n'est pas rare dans cette petite ville de

Montmorency. Agamemnon n'aurait pas eu de peine à trouver ici les dix Nestors qu'il souhaitait avoir dans son armée, et moi, qui vais à la recherche de ces êtres exceptionnels, j'en ai trouvé deux dans les rues, et un troisième qui ne quitte plus sa chambre.

Ma curiosité me portait à connaître, de préférence, ce dernier, qu'on m'avait dit avoir été musicien de la reine Marie-Antoinette, et un de ses serviteurs les plus dévoués. Puis, ayant traversé la révolution, non sans quelques dangers, il était parvenu à être commissaire général des vivres sous Napoléon. Que de titres pour exciter la plus juste curiosité ! On n'éprouve pas le même intérêt à lire les faits consignés dans les pages d'une histoire qu'à les entendre raconter par les personnes qui en ont été les témoins. Le peuple grec apprenait les événemens remarquables de sa patrie par le récit de ceux qui y avaient pris part, et les conteurs sur la place publique sont au nombre des historiens de ce grand peuple.

Je savais que mon vieillard avait quatre-vingt-dix-sept ans, et qu'il n'était ni sourd, ni imbécile, ni grogneur, fâcheuses conditions qu'on rencontre souvent dans les personnes qui traînent une vieillesse chagrine, et qui n'offrent plus que le triste spectacle d'un mécanisme décomposé. On m'avait assuré que le musicien commissaire, assisté par sa mémoire, aimait beaucoup à causer. La mémoire des vieillards est la perspective permanente qui fixe leurs pensées. Ils se regardent dans le passé, parce qu'il n'y a que le passé qui les console de l'agonie de la vie. Lorsqu'ils ne peuvent plus prendre part au mouvement social, ils tâchent d'y assister en y mêlant leurs souvenirs en place de leurs actions. C'est ainsi qu'ils deviennent une chronique vivante pour les jeunes gens qu'ils instruisent, pour les curieux qu'ils amusent.

M. Garnier habite à Montmorency un appartement sur la place du Marché. J'y fus lui faire visite, enchantée de trouver un homme d'une physionomie agréable, d'une société charmante et d'une gaîté mesurée, qui ne profanait pas ses quatre-vingt-dix-sept ans. Tourmenté par la goutte, il savait la dominer par le travail de son esprit; il parut pourtant bien contrarié de ce que sa souffrance l'empêchait de me recevoir avec toutes ces manières recherchées qu'un familier de la cour de Marie-Antoinette n'avait pas oubliées. Très soigné dans ses vêtemens et dans ses meubles, il me rappelait le mot de madame Jeoffrin : *la propreté est la parure de la vieillesse.*

Je me plaçai à côté de M. Garnier, et, tout en causant sur différens sujets, j'avais l'air de lui dire : — Vous, monsieur, qui avez traversé deux siècles par moitié; et qui, parcourant ce long espace de temps, avez vu disparaître comme des tableaux fantastiques derrière la gaze d'une décoration, d'abord la monarchie valétudinaire sous les mains sanglantes d'un peuple en délire; ensuite l'anarchie cruelle et faible dans le gouffre qu'elle-même avait creusé; puis l'empire et ses ambitions démesurées dans l'espace qu'il ne pouvait plus remplir, et enfin le gouvernement légitime devant le programme auquel il avait été parjure; vous qui vivez encore et qui paraissez tout étonné de vous trouver au milieu d'une société sans secousses, sans anxiété et sans crainte, d'une société qui offre tant de garanties de bonheur, racontez-moi quelque chose... j'ai le temps d'écouter. — Ainsi je tâchai de lui fournir des prétextes pour le rendre conteur. Le vieillard ne demandait pas mieux. Dérouler sa vie lorsqu'elle touche à son terme, c'est se procurer la satisfaction de la doubler, ne fût-ce que pour quelques heures ; c'est l'*appone lucro* du poète d'Auguste. Un tel profit exclusif de l'esprit est un triomphe sur la marche du temps, et une belle victoire que ne saurait lui contester la partie matérielle de notre existence.

Comme je ramenais les souvenirs de M. Garnier vers Marie-Antoinette, il *commença* par me dire qu'il avait été bibliothécaire du cabinet de musique de la reine, et premier hautbois de la chapelle. Par sa première place, il était à même de parler tous les jours avec la plus belle femme qui siégeait sur un trône, et ce bonheur de réminiscence exerce encore son action sur l'âme du vieillard. « La reine, me dit-il, aimait autant la musique que le roi la détestait. Lorsque le roi entrait dans l'appartement de Marie-Antoinette, et qu'il la voyait entourée de musiciens, pour répéter quelques vieux morceaux, ou pour exécuter quelque nouvelle composition, il nous disait : « Messieurs de la chapelle, vous pouvez vous retirer. » Le roi avait une voix et des manières peu agréables. Il ne cherchait jamais ni à plaire ni à imposer; cette disposition naturelle lui faisait du tort. La reine ne nous rappelait pas moins le lendemain ou le jour même dans son appartement.

» Dès qu'arrivaient de Naples quelques caisses remplies de musique que la reine

Caroline envoyait à sa sœur de France, elle me faisait chercher, et je la trouvais à genoux vidant elle-même la caisse, et regardant avec un extrême intérêt tous les morceaux qu'elle contenait; après les avoir parcourus, elle voulait les essayer et m'ordonnait de l'accompagner avec la clarinette; quelquefois elle les chantait avec la princesse de Lamballe, qui avait une voix pleine de charme. Marie-Antoinette, dit M. Garnier, chantait faux, mais elle avait l'oreille susceptible lorsque les autres ne chantaient pas juste, et alors elle disait : *Messieurs, vous prenez un ton pour un autre, il faut faire mieux*; puis elle riait et plaisantait avec une rare amabilité. Ce fut après avoir essayé un morceau de l'*Armide*, de

Sacchini, qu'elle fit demander à Paris ce célèbre compositeur qui se trouvait à à Londres. Lorsque Sacchini fit exécuter son *OEdipe*, la reine s'écria : *C'est un opéra fait pour être chanté par les anges*; et m'ordonna de mettre l'*OEdipe* en tête de tous ses livres de musique. Marie-Antoinette n'aimait pas Gluck, qu'elle avait fait pourtant venir de Vienne et qui avait été son maître de piano et de chant, elle l'appelait *Monsieur de l'harmonie*, et lui disait parfois : *Monsieur de l'harmonie, ce n'est pas amusant ce que vous venez d'écrire*. L'abbé Arnaut, en parlant de l'*Iphigénie*, que Gluck venait de mettre au théâtre, avait dit un jour *que la douleur antique avait été retrouvée par ce compositeur*.

Le marquis Caracciolo, ambassadeur de Naples, qui l'avait entendu, lui répondit : « Monsieur, je préfère *à la douleur antique le plaisir moderne.* » Ce mot, rapporté à la reine, la fit rire aux éclats, et depuis lors, il lui arrivait souvent d'appeler Gluck : *La douleur antique.* »

Comme M. Garnier s'arrêtait souvent pour faire des pauses, je renouvelais avec peu de pitié mes questions, impatiente de l'entendre et d'apprendre de lui quelques détails sur cette princesse infortunée. « La reine, me disait-il, était ou trop aimable, ou trop fière, elle voulait être la femme la plus gracieuse de la cour, et tout à coup elle voulait qu'on se rappelât qu'elle était la fille de Marie-Thérèse, sur le trône de France. Cette inégalité de caractère se révélait même dans les petites choses. Il arrivait parfois qu'après avoir été gaie, spirituelle, familière même pendant qu'on essayait de la musique, si quelque chose lui déplaisait, on ne pouvait plus soutenir son regard. Mais ce changement était bien court, car le besoin d'être bonne et gracieuse l'emportait dans son cœur. » M. Garnier dit à ce propos un mot fort juste : lorsque Marie-Antoinette voulut se populariser, alors le peuple voulut se *royaliser*. « J'ai lu attentivement les Mémoires de madame Campan, ajoutait-il ; il y a deux choses qui sont fausses. » Mais il n'a jamais voulu me dire quelles étaient ces deux choses.

Pendant cette conversation, plusieurs

fois je vis le bon vieillard attendri prêt à verser des larmes; et lorsque je lui demandai si la place qu'il avait eue auprès de la reine lui avait fait courir des dangers pendant la révolution, il me dit : « J'ai couru, madame, des dangers de toute sorte, avant et pendant la révolution. Très jeune, je fus arrêté par l'inquisition en Espagne, et, en 93, j'ai manqué d'être pendu à la lanterne.»

Alors, voyant que j'écoutais avec attention tout ce qu'il me disait, ce qui est un véritable bonheur pour ceux qui racontent, et surtout pour les vieillards, il me rapporta qu'à l'âge de quatorze ans, après avoir été admis à l'Académie de musique comme lauréat du Conservatoire de Paris, il partit pour Naples, où il devait étudier pendant trois ans, ainsi que le font tous les élèves reçus à l'Académie. Là, assisté par son ami Zingarelli, au bout de quelque temps, il remplaça au théâtre le fameux hautbois Besozzi, que le duc de Duras, ambassadeur de France auprès du roi Ferdinand, avait engagé pour l'orchestre de Paris. Mais, deux ans après, ayant appris que le prince des Asturies (depuis Charles IV) recrutait à Madrid et dans les pays étrangers les musiciens les plus distingués, qui faisaient leur fortune auprès de ce prince, amateur fou de musique, et lui-même très fort sur la clarinette, le jeune Garnier, s'étant procuré quelques lettres de recommandation, partit de Naples pour la capitale de l'Espagne, où il fut sur le point d'éprouver les rigueurs de l'inquisition.

Le prince des Asturies, dès qu'il sut que l'artiste nouvellement arrivé avait été chef hautbois au théâtre de Saint-Charles, à Naples, l'accueillit avec une bonté toute particulière, et, enchanté de son jeu, il le traita comme un de ses favoris, *quoique Français;* je dis quoique Français, car, dans ce moment-là, venait d'avoir lieu à Madrid une scène diplomatique qui avait fait du bruit, comme vous verrez par le récit suivant.

Le prince des Asturies, très mécontent d'un jeune seigneur français qui voulait faire la cour à une dame que lui-même distinguait, s'était permis de dire, avec un peu trop de légèreté et d'aigreur, en présence de M. de Montmorin, ambassadeur de France : « Dès que je serai roi, je ferai sortir tous les Français de mon royaume. » M. de Montmorin, piqué de ce propos, lui dit : « Mais Votre Altesse Royale se mettra à leur tête comme Français, car je ne crois pas que Monseigneur voudra renier son origine. » Le prince avait gardé rancune à l'ambassadeur de France de cette répartie qui sentait une leçon bien appliquée, et cherchait l'occasion de s'en venger. Cette occasion ne tarda pas à se présenter. Le tabac étranger était défendu en Espagne, sous les peines les plus sévères, surtout ce qu'on appelait du *Paris* et du *Dunkerke*. Il n'y avait que les ambassadeurs qui pouvaient s'en servir. Un soir, le jeune duc d'Ossuna avant de priser, en présence du prince des Asturies, offrit à Son Altesse Royale sa tabatière. Le prince, s'apercevant que le duc se servait de tabac français, rejeta la tabatière, et le menaça de lui faire subir la peine de la loi, lui reprochant à haute voix, pour qu'il fût entendu par l'ambassadeur de France, qui se trouvait tout près, *de n'être pas un bon sujet espagnol*. M. de Montmorin, pour sauver le duc d'Ossuna des suites de cette incartade, dit avec une présence d'esprit tout à fait française : « C'est donc vous, Monsieur le duc, qui avez pris ma tabatière, je la cherchais et je ne la trouvais pas. » Le prince des Asturies, irrité de ce langage fin et tout diplomatique, langage qui déconcertait son projet, se permit de porter la main sur l'ambassadeur de France; et en le repoussant loin de lui, lui dit : « De quoi vous mêlez-vous, Monsieur l'ambassadeur! » Après cet acte contraire à toutes les convenances, et qui violait ouvertement les lois sévères de l'étiquette, M. de Montmorin quitta le salon, et la nuit même prit des chevaux de poste et partit de Madrid, sans laisser personne à l'hôtel de l'ambassade. Ce départ, comme on peut l'imaginer, jeta la cour et le ministère dans la plus grande consternation; le roi Charles III, désolé de l'événement, fit appeler le duc de Crillon, qui se trouvait alors capitaine général au service d'Espagne, pour lui déclarer combien il était affligé de ce qui venait d'arriver, le priant avec instance d'expédier, de sa part, un courrier à M. de Montmorin pour l'engager à retourner à Madrid, l'assurant, *lui le roi*, qu'il aurait la réparation qui lui était due. Le duc de Crillon, homme sage, prudent, et jouissant de la plus haute considération, s'empressa de faire rejoindre, par un de ses aides-de-camp, M. de Montmorin, auquel il rapportait, dans une lettre, les paroles de Charles III, en l'engageant fortement, de sa part aussi, à ne pas donner de suite à une affaire qui pourrait avoir les plus graves conséquences pour les deux cours. M. de Crillon ajoutait que M. de Montmorin devait être satisfait de la réparation promise par un prince tel que

Charles III... M. de Montmorin revint; le prince des Asturies, en présence de son père et de la cour, déclara à l'ambassadeur de France qu'il n'avait jamais eu l'intention de l'offenser; et l'événement se termina à la satisfaction de tout le monde.

Charles III, dans ce moment-là, était bien aise de saisir une pareille occasion pour mortifier, en public, le prince des Asturies, qui, dans un conseil d'État, avait osé engager le roi son père à livrer la tête du marquis Squillaci, secrétaire de l'*Azienda*, et favori du roi, lorsque le peuple s'était révolté contre ce ministre, l'année même où se passa l'affaire de M. de Montmorin.

Le jeune Garnier, comme de raison,

était protégé par l'ambassadeur de France, et parce qu'il était Français, et parce que son talent et ses manières fort aimables lui méritaient la bienveillance du représentant de sa cour.

Un jour, le jeune artiste se montrant curieux de lire les œuvres d'Helvetius, qui venaient de paraître, M. de Montmorin les lui prêta. M. Garnier, à son tour, après les avoir lues, les confia à M. Serra, banquier, qui, les voyant sur le bureau du musicien, lui avait demandé la permission de les lire. Quelqu'un ayant remarqué, chez M. Serra, ces livres qui avaient excité l'indignation de tous les bons croyans espagnols, et qui par conséquent se trouvaient en première ligne parmi les ouvrages défendus, ne se fit pas scrupule d'aller dénoncer le banquier à l'inquisition. M. Serra, interrogé, déclara que l'Helvetius ne lui appartenait pas, mais qu'il le tenait de M. Garnier, artiste français. Ce fut assez pour que le tribunal de l'inquisition, qui peut-être savait déjà qu'en dernière analyse le livre appartenait à l'ambassadeur de France, arrêtât sans retard le jeune Français, voulant frapper en sa personne l'ambassadeur qui était à l'abri du pouvoir inquisitorial. Il faut dire que M. Garnier, en racontant cette aventure, se louait beaucoup de sa demeure dans la prison de l'inquisition. Bien loin, disait-il, d'être effrayante, il n'y trouva qu'un traitement plus que convenable. Or, comme, dans cette occasion, l'ambassadeur de France, par délicatesse, ne crut pas devoir demander l'élargissement du jeune Français, ce fut encore le duc de Crillon qui prit hautement la parole et exigea de tout son pouvoir la liberté de M. Garnier. Le grand-maître de l'inquisition étant de la famille royale, et l'artiste étant protégé par le prince des Asturies, on obtint de le faire sortir des frontières d'Espagne, escorté par des *miquelets*.

Parmi ces soldats se trouvait un Français qui avait déserté son pays pour entrer au service d'Espagne; ce soldat s'appelait Championet.

Quinze ans plus tard, la clarinette de l'Opéra, le *virtuoso* de la reine Marie-Antoinette, se trouvait commissaire des vivres dans le corps d'armée que commandait l'ancien miquelet, qui était devenu le brave général Championet. Que les temps de révolution sont riches en métamorphoses !

L'aventure d'Espagne, mais surtout son talent et son séjour à Naples, firent obtenir, quelques temps après, à M. Garnier la place de premier hautbois à la chapelle du roi, qui fut suivie de celle de bibliothécaire, auprès de la reine Marie-Antoinette. « Les deux années qui précédèrent la révolution ont été si heureuses pour cette princesse, disait M. Garnier, qu'il était impossible de prévoir les malheurs qui l'attendaient. Son tort a été de juger sous le même point de vue le temps où elle arrivait au trône et celui qui l'avait précédé, et d'être enivrée de l'amour qu'on lui témoignait. »

A la journée du 6 octobre, lorsque la reine se sauva, en sortant de son lit, dans la chambre du roi, M. Garnier se trouvait dans l'appartement de la marquise de l'Aigle, qui était de service chez la reine. En me racontant les horreurs de cette journée, qu'on voudrait effacer des annales du peuple parisien, le bon vieillard, tout attendri, ne cessait pas de faire l'éloge du dévoûment de cet excellente dame qui manqua d'être une des victimes. « J'ai vu de mes yeux, me disait-il, de l'appartement de madame de l'Aigle, le duc de... et le marquis de..., auxquels je donnais des leçons de clarinette, se mêler, sous un travestissement ignoble, à de frénétiques assassins, et se promener avec eux sous les balcons du palais de Versailles, où ils avaient été comblés des bontés du roi ! Quand on a assisté à de telles scènes, on ne s'étonne pas, madame, si on a le plus grand mépris pour les hommes, ou au moins pour certains hommes ! Le roi avait les bonnes qualités d'un particulier, mais il n'avait pas celles nécessaires à un roi. Il se méfiait de son jugement, et il soupçonnait les autres. Il n'était pas sincère avec lui-même, ni franc avec ses amis : ce caractère a fait son malheur ! Après le départ de Versailles, j'ai vu rarement la reine, continuait mon interlocuteur, mais elle savait qu'elle pouvait compter sur moi. C'est moi qui lui apportai une mèche des cheveux blonds du premier dauphin, qui mourut à Versailles. Le valet de chambre auquel ce prince infortuné avait dit : « Allez porter cela à ma mère, » me rencontrant au moment où j'entrais dans l'appartement de S. M., me les confia pour les lui remettre. La reine les prit, versa des larmes, et les serra contre son cœur. »

Mon insatiable curiosité me faisait oublier que le vieillard de quatre-vingt-dix-sept ans pouvait se fatiguer et souffrir de l'énergie qu'il mettait à me rapporter ce que je viens de vous écrire. On pouvait, en l'écoutant, se faire par instant l'illusion de le croire encore jeune. Mais, ne voulant pas me reprocher un égoïsme qui pouvait devenir coupable, je pris congé de lui, en l'assurant que je reviendrais le lendemain. Ma visite, sans me flatter, lui avait fait tant de plaisir, que je crus un instant que son exaltation factice avait calmé la goutte dont il souffrait, car tout le temps qu'il fut conteur, il ne s'en plaignit jamais. Au moment où je le quittais, M. Garnier me fit promettre formellement de revenir causer avec lui.

Rentrée chez moi, j'ai tracé ces quelques lignes pour ne pas oublier le récit qu'il m'avait fait. A demain donc la fin. En attendant, envoyez-moi, chère amie, un peu de la chaleur de l'atmosphère sicilienne; trois heures par jour de votre soleil, et de temps en temps une nuit comme celles qui ressemblent à notre aube matinale. Quant aux fruits, je vous dirai que cette année, à Montmorency, il n'y a que des fruits défendus, car ils sont si mauvais, qu'on ne peut pas en manger. Vraiment, vous avez trop de bonnes choses dans votre Palerme. Quelles sont donc les privations dans cette vie qui deviendraient pour vous des mérites dans l'autre ? Je n'en connais aucune... J'ai tort... car j'entends dire chaque jour qu'on ne jouit pas en Italie de ce grand mouvement intellectuel qui fait les délices de notre société parisienne. On vous considère comme étant dans les limbes de ce monde. Jouissant, moi, du privilége de n'avoir pas assez d'esprit pour apprécier le bonheur exclusif du mouvement intellectuel, il m'est bien permis d'envier le charme d'un beau ciel, d'un climat doux et d'une poétique insouciance; mais surtout, ce que je regrette le plus, c'est d'être éloignée de vous.

Montmorency, ce 29 octobre.

Me voici de nouveau, chère amie, à côté de mon centenaire ; il m'attendait depuis ce matin, il demandait aux gens de sa maison s'ils croyaient que j'allais tenir ma promesse. A cet âge-là, une des choses qui font le plus de peine, c'est la pensée de n'être plus bon à rien, de n'être recherché par personne, d'être oublié du jour au lendemain. Regardant cela comme un mal sans remède, ces débris vivans de l'homme s'y résignent, mais une telle idée les préoccupe tous les jours ; ce qui fait que lorsque leur chagrin se trouve adouci par l'intérêt qu'ils inspirent, grâce à leur âge, ou par celui qu'on témoigne à l'âge, grâce au mérite personnel, ils éprouvent un sentiment de bien-être qui reproduit le bonheur de cette existence, où s'est déjà brisé le ressort des illusions. M. Garnier m'en offrit un témoignage frappant.

Dès qu'il me vit arriver, il me tendit la main, il sourit, et me remercia d'avoir pensé à lui faire une seconde visite ; je devins son public et son amie. A quatre-vingt-dix-sept ans, on n'a pas le temps d'attendre pour quoi que soit : ainsi, l'amitié, l'estime, l'attachement, naissent dans un même jour, dans une heure, dans quelques minutes : n'ayant besoin de s'arrêter à aucune considération, la seule chose qu'un vieillard demande, c'est qu'on montre du plaisir à aller le voir.

Cette fois-ci, ma curiosité avait un autre objet; je savais que M. Garnier possédait une canne du grand Frédéric, je le savais à n'en pas douter. Une jeune dame qui le soignait m'en avait averti. J'aurais donc voulu connaître comment, quand et pourquoi cet objet précieux était tombé en son pouvoir. J'aime tant les reliques de ces hommes éminens qui flattent l'amour-propre de la nation à laquelle ils appartiennent, et donnent de l'illustration au siècle où ils ont vécu, que je m'étais promis de ne pas quitter mon interlocuteur sans voir la canne du grand capitaine, qui précéda de si peu Napoléon. Pourtant j'aurais voulu encore l'entendre causer de Marie-Antoinette, de cette auguste victime, dont on n'a pas pu expier le martyre sans léguer à la postérité des larmes et des remords! J'aurais voulu apprendre quelque chose sur ce que son bibliothécaire musical avait souffert pendant la tourmente révolutionnaire, j'aurais désiré assister avec lui à quelqu'une des scènes qui durent se passer à Versailles, entendre encore quelque mot de la fille de Marie-Thérèse. Ainsi, après les éloges que je lui prodiguai sur sa bonne mémoire et sur la lucidité de ses idées, je le priai de me parler des périls qu'il avait probablement courus pendant le procès et après la mort du roi et de la reine.

On a beau connaître ce temps, où se joua le drame le plus épouvantable et le plus imposant de la révolution française, on sera toujours curieux d'apprendre les particularités des mille épisodes que l'histoire n'a pas voulu enregistrer, ou qu'elle a peut-être ignorés. Notre esprit et notre cœur éprouvent une sympathie marquée pour tous les sujets qui peuvent nous donner de fortes émotions, surtout lorsque ces sujets sont pris dans la réalité et se rapportent à une de ces rares époques qui ont changé l'attitude et la marche d'un grand peuple, et où les passions ont étalé leurs misères, montrant aussi parfois leur grandeur.

M. Garnier, voyant que je désirais encore apprendre quelque chose qui pût se rapporter à la reine, me dit : « Voici, madame, comment Marie-Antoinette fit ses adieux à Garat et à moi. Depuis son retour de Versailles, elle avait entièrement renoncé à faire de la musique avec les personnes de la chapelle; mais, dans les momens où l'auguste infortunée était le plus accablée par le malheur, elle se mettait au piano et chantait toute seule les versets des psaumes de *Marcello* ou les strophes de la Passion de *Paesiello*; ceux qui pouvaient l'écouter accompagnaient sa touchante mélodie par des sanglots. Un jour, elle nous fit appeler, Garat et moi, dans son cabinet ; nous y trouvâmes la princesse de Lamballe qui allait partir pour l'Angleterre ; ce fut quelques semaines avant la fuite de la cour à Varennes. La reine alors se mit à chanter avc Garat le duo de l'*Olympiade* de *Paesiello,* qui commence par les mots *Nei giorni tuoi felici recordati di me...* Mais ce duo ne put être achevé ; la reine, se jetant dans les bras de la princesse, fondit en larmes ; puis, se tournant de notre côté, elle nous dit : — Adieu, monsieur Garat, adieu, mon bon monsieur Garnier, n'oubliez pas ce jour, n'oubliez pas cette musique, et souvenez-vous de votre reine ! — Ce fut le dernier accent que j'entendis de Marie-Antoinette. Ici mon bon vieillard suspendit son récit... et lorsque son émotion se fut calmée, il reprit :

« J'en aurais pour des années à vous raconter tout ce que je sais de ce temps-là; mais vous désirez apprendre l'histoire de quelque danger que j'ai couru, je vais vous satisfaire.

» Le jour où les Bretons vinrent à Paris, je manquai d'être mis à la lanterne, et voici comment : j'étais lié d'amitié avec le citoyen Champion, qui, dans ce moment-là, se trouvait faire partie d'un de ces ministères qui changeaient à chaque mois. Champion me proposa d'aller voir l'armée de ces Bretons, qu'on disait formidables, et nous nous rendîmes du côté de la Bastille. A peine arrivés sur le lieu, Champion fut reconnu par une bande de cette canaille qui faisait le métier de crier, d'accuser, et de juger toutes les personnes que la frénésie du moment croyait suspectes. On cria donc : A bas le ministre ! à bas le traître ! on l'empoigna, on le blessa fortement à la tête, et sans le prompt secours de quelques hommes qui le reconnurent et qui lui avaient des obligations, on l'aurait tué. Dès qu'il se fût éloigné, entouré de la foule, qui n'osait plus l'insulter, on vint m'arrêter à mon tour, sous prétexte que j'étais aussi *ministre*. Après m'avoir asséné un coup de sabre, on me transporta dans une maison sale et dégoûtante, où il y avait un soi-disant comité local, qui jugeait les personnes destinées à être menées à la lanterne. Là, interrogé, je leur fis connaître que je n'étais nullement ministre, mais simplement artiste; je leur dis, en me nommant, que j'étais le premier hautbois de l'Opéra; et comme par précaution j'avais toujours mon instrument en poche (ce qui me sauva toutes les fois que je fus exposé à quelque danger), pour prouver que je ne mentais pas, je sortis mon hautbois, et je commençai à jouer un morceau du ballet qu'on avait donné la veille. Ce témoignage irrécusable de ma véracité frappa les membres du petit comité; un d'eux pour me sauver de la fureur populaire, m'affubla de son écharpe, me mit son chapeau, et ordonna à un de ses collègues de sortir avec moi pour me protéger. Dès que nous fûmes dans la rue, les cris de *Voilà le ministre! menez-le à la lanterne!* recommencèrent de plus belle. Mais mon guide criait, de son côté, encore plus fort : *Non ce n'est pas un ministre, c'est le hautbois de l'Opéra, le premier hautbois! Vous ne tuerez pas un homme qui vous fait plaisir tous les soirs!* et moi, tenant toujours à la main mon instrument, et jouant par intervalle, sous le costume qu'on m'avait fait prendre ; j'avais passé le lieu fatal où se trouvait la lanterne, et où quelqu'un avait été déjà hissé à ma place. La maison de Beaumarchais n'étant pas loin, le membre du comité vint m'accompagner jusqu'à la porte, et j'entrai chez mon ami, tout ensanglanté, l'écharpe autour de moi, le chapeau du membre du comité sur la tête, et le hautbois en main. Là, la canaille, qui m'avait accompagné et qui m'avait entendu jouer, se mit à crier : « Vive la clarinette de l'Opéra !... Jouez donc, citoyen !... »

Quand on assiste à des farces aussi odieuses que ridicules, on rougit de voir l'homme acteur de scènes aussi dégoûtantes, et on a pitié de ses misères !

M. Garnier ne tarissait plus en racontant tous les événemens de cette époque, et je me suis plus que jamais convaincue que ceux qui l'ont traversée pourraient écrire des Mémoires qui, révélant des faits inconnus, vaudraient bien les sujets de romans de nos jours.

Après m'avoir fait la narration d'une partie de ses aventures, après m'avoir parlé du temps qu'il resta caché dans le château de M. de Calonnes, à Argenville, où il fut découvert au bout de quelques mois, dénoncé par un chirurgien, mais sauvé bientôt par le bon curé de Senlis; après le récit de tous les dangers auxquels il avait échappé depuis 91 jusqu'en 1795, il arriva au commencement de sa carrière militaire, qui lui fut ouverte par l'amitié et l'influence de M. de La Garde, secrétaire du Directoire.

Il en était à l'année 1808, époque où il parvint au grade de commissaire général des vivres à Berlin, lorsqu'il fit une pose... puis, avant d'entrer en matière et de commencer une nouvelle série d'aventures, il se fit apporter une canne, et, avec un air de véritable satisfaction, il me la montra en disant : « Voilà, madame, la canne du grand Frédéric; elle est aussi authentique que ma personne.» Je la saisis avec empressement, et lui témoignai le plaisir que j'éprouverais s'il voulait m'apprendre comment elle était tombée dans ses mains. « Moi-même, me dit-il, j'en ai été tout étonné, et jusqu'à ce que j'en aie eu l'assurance positive de deux témoins irrécusables, je ne croyais pas à l'authenticité du cadeau qu'on m'avait fait. — Voici comment cela s'est passé. —

» Mon rang de commissaire général de l'armée, ainsi que celui de gouverneur de Nuremberg, ne m'avaient pas empêché d'exercer mon talent d'artiste, qui brillait d'autant plus, qu'on me croyait un amateur. J'avais composé en Allemagne plusieurs morceaux de musique qui avaient été beaucoup applaudis. De tels succès, appréciés en Prusse plus que partout ailleurs, m'avaient fait une grande réputation. J'avais connu à Berlin le vieux valet de chambre du grand Frédéric, M. Rix, qui était musicien par excellence. Il avait une petite fille qui pinçait de la guitare à merveille, et aimait beaucoup le chant. Un jour, M. Rix vint chez moi, et me dit : — Monsieur le commissaire, j'ai une prière à vous adresser. Je sais bien que je vais abuser de votre complaisance, mais aussi je compte vous en dédommager, si vous le voulez bien, en vous faisant un cadeau qui rendrait jaloux Napoléon lui-même. — Je crus alors que M. Rix allait me demander un très grand service, ou quelque protection auprès du maréchal Victor, qui commandait l'armée en Prusse. J'étais très impatient de connaître ce qu'il exigeait de moi, et le cadeau admirable qu'il me promettait. — Il s'agit, me dit-il, de réduire pour la guitare, tout l'opéra de la *Flûte Enchantée*. Ma petite fille m'assure qu'il n'y a que vous qui puissiez y réussir selon son goût, et elle m'a prié de vous demander cette grande faveur. Le cadeau que je vous ferai, est une des cannes favorites de mon bon maître, une de celles sur laquelle le grand Frédéric s'appuyait le plus souvent, et dont j'ai hérité ainsi que de la plupart des objets qui se trouvaient dans la chambre où il est mort. En attendant, je vais vous donner un à-compte sur ce que je vous devrai. — A ces mots, et sans attendre ma réponse, il tira de sa poche une épingle avec une petite rosette de ruban noir et un gant de peau jaune ; il me les remit en disant : — C'est le seul gant qui me reste de mon maître, je vous le donne, et cette épingle est celle que je mettais à la queue de ses perruques. Gardez ces deux objets, mon cher monsieur Garnier, comme de précieux souvenirs, car tout ce qui a appartenu à cet homme incomparable sera, j'en suis sûr, l'objet du culte de la postérité. — Le bon M. Rix, en prononçant ces mots, ne put cacher son émotion, et en versant quelques larmes, il s'écria : — Quel homme, que le grand Frédéric ! oh ! qu'il aurait aimé votre empereur !... Ils se seraient entendus ensemble ! Et alors, oh ! alors il n'y aurait eu en Europe que deux seules grandes couronnes ! (Le terrible sort pour l'humanité, pensai-je en moi-même.)

» Sans engager ma parole, je promis que je ferais mon possible pour satisfaire le désir de sa petite fille, fort heureux de pouvoir lui laisser un souvenir qui lui serait peut-être agréable, si le temps que nous devions rester à Berlin me le permettait. Au bout de trois mois, j'eus le bonheur d'achever un travail qui était selon mon goût. Je connaissais par cœur la *Zauberflüthe* ; j'en abrégeai tout ce qui me parut superflu, et je présentai à M. Rix la partition arrangée pour la guitare. M. Rix en fut ravi, et le jour même il m'apporta la canne du vainqueur de Rosbach. A vous dire vrai, je n'avais pas grande foi au baptême du cadeau. J'exprimai des doutes à ce sujet, mais la franche parole d'un vieil Allemand ne me permit pas de les garder. J'allai raconter tout cela au maréchal Victor, et je lui montrai la canne. Le maréchal ne put s'empêcher d'en suspecter l'authenticité, disant qu'il trouvait bien extraordinaire que l'on consentît à se séparer d'un objet aussi précieux.— Cependant, ajouta-t-il, il faut en avoir la conscience nette. J'ai une réponse à faire au prince Henry et une lettre à envoyer au ministre, prince d'Hardemberg. Je vous charge de l'une et de l'autre; vous irez avec votre canne chez Son Altesse et chez le ministre, et après leur avoir présenté mes lettres, vous leur demanderez si vous pouvez prêter foi à l'origine du cadeau que vous venez de recevoir. — Je n'eus pas besoin de faire cette demande ni à son Altesse ni au prince d'Hardemberg ; car l'un et l'autre, en voyant la canne que je tenais à la main, s'écrièrent : « Comment donc, vous avez la canne du grand Frédéric ? » Ce témoignage mit le comble à mon bonheur. Je dus raconter ce qui m'avait procuré la possession de ce trésor, puis je retournai chez le duc de Bellune lui faire part de ma joie.

» On a réussi, madame, à me séduire pour avoir le gant et l'épingle ; j'ai cédé aux instances de mon frère, pour le gant, et à celles du maréchal V., pour l'épingle ; mais la canne, je n'ai jamais voulu l'échanger contre des objets de grande valeur, qu'on a voulu me donner, et, malgré toutes les belles promesses qu'on m'a faites pour l'avoir, elle sera toujours à côté de moi, jusqu'à mon dernier jour. » La canne est un jonc surmonté d'un superbe chien couché, en ivoire jaunâtre. Un antiquaire en donnerait une somme considérable, et pour le cabinet de curiosités d'un vieux guerrier, elle n'a pas de prix. —

Je quittai le vieillard de quatre-vingt-dix-sept ans, très contente de lui, et lui très content de moi, qui l'avais si bien écouté; nous nous étions fait plaisir réciproquement (1).

Maintenant, je n'ai plus le courage de vous parler de mes deux autres vieil-

---

(1) M. Garnier quitta le service militaire avant le commencement de la guerre de Russie. Il avait eu toutes les peines du monde à ne pas faire manquer de vivres une armée de 80,000 hommes en Espagne; aussi, lorsque Napoléon, en 1812, lui dit qu'il fallait assurer les fournitures pour une armée de 400,000 hommes, qui allaient faire la guerre en Russie, il lui répondit : « Sire, vous pouvez faire des miracles en gagnant des batailles, mais nous ne pouvons pas forcer les pays ennemis à nous donner ce qu'ils n'ont pas. » Napoléon lui tourna le dos, et M. Garnier, croyant à l'impossibilité d'assurer les vivres à une si grande armée, donna sa démission. « Tant que Napoléon ne se fia qu'à son génie, il monta toujours; lorsqu'il voulut écouter tous ceux qui l'entouraient, il tomba. » me dit M. Garnier avec un accent dogmatique.

lards, dont l'un n'a d'intérêt que pour les personnes de Montmorency, qui l'appellent le doyen de la ville. Il visite tout le monde, il marche pendant toute la journée, il demande des nouvelles de tout ce qui se passe, et finit par aller s'asseoir sur la plate-forme de l'église, où il s'endort pendant qu'une de ses arrière-petites-filles qui l'accompagne, lui ôte sa perruque, le couronne de fleurs, ou lui met dans la bouche quelque morceau de sucre qu'on lui a donné dans quelque maison, car il est gourmand. Après Dieu, il n'a d'autre culte que Napoléon. L'autre, aveugle-né, qui approche aussi le siècle, va s'asseoir tous les jours sur les marches de l'hospice dirigé par les sœurs Grises, qu'on appelle les sœurs de la Sagesse ; là, il attend qu'on vienne se ranger autour de lui pour lui tenir compagnie ; il connaît tout le monde, bien qu'il n'ait jamais vu personne, et, plongé dans les ténèbres, il prend part à la vie sociale ; il voit tout dans son cœur ! Les bonnes sœurs l'aident de leur charité ; elles sont sa Providence, comme elles le sont de bien d'autres à Montmorency.

Je n'ai jamais pu comprendre ce qu'un aveugle peut penser de la Création ; il sait qu'il y a une espèce humaine, mais comment la conçoit-il ? Il sait tout ce qu'on lui a appris ; il saisit la forme de tous les objets qu'il tient dans ses mains ; quelquefois il devine les couleurs ; mais quelle idée peut-il se former du ciel, des astres, de la lumière, de l'espace ? Quelles notions peut-il avoir de l'aspect matériel de la terre, de tout ce qu'elle contient, de tous ceux qui l'habitent, des espèces, des individus, de la Vénus et du Satyre, du cyprès et de la rose, de l'aigle et de la fourmi, de la perle et du granit? Il adore Dieu, sans pouvoir admirer son ouvrage. Il aime son prochain, mais il ne sait que les noms de ceux qu'il aime. Il a des passions; il connaît l'amour et la haine, mais les objets qui les excitent nagent pour lui dans l'abîme des ombres; il doit attendre la mort pour voir! Il ne faut donc pas s'étonner si les aveugles font des questions comme en faisait la reine Sophie-Charlotte de Prusse, à qui Leibnitz disait : « Madame, on ne pourra jamais vous contenter, car vous demandez le pourquoi des pourquoi ! »

Le pourquoi des pourquoi, c'est Dieu. et c'est à lui que le pauvre aveugle doit s'adresser s'il veut connaître ce qu'il ne voit pas. Adieu, chère princesse; cette lettre que je vous envoie avec celle qui précède font un ensemble trop long, et si je n'ai pas été fatiguée d'entendre M. Garnier, vous vous fatiguerez certainement à me lire; mais puisque j'ai mentionné les sœurs ainsi nommées de la Sagesse, puisque je viens de tracer le mot de charité, je vous parlerai, avant de quitter **Montmorency**, de tout ce qui regarde les objets de bienfaisance dans cette petite ville. En passant du tableau de la nature à celui de la société, je vous ferai part de mes observations sur l'aspect moral des habitans de cette vallée, au milieu desquels je vis depuis trois mois.

Montmorency, ce 3 novembre.

Pour peu qu'on passe quelque temps dans une ville ou dans un village, on est désireux de connaître combien d'établissemens de bienfaisance il y a dans la commune ; on s'informe des moyens employés pour venir au secours de l'indigence ; on recherche s'il y a des comités, des associations charitables, des maisons des sœurs de Saint-Vincent, des institutions pour instruire les enfans qui ne peuvent payer leur éducation, et pour soulager les plaies de la misère qui abondent parmi les grandes ainsi que parmi les petites populations. Cette louable curiosité, qui devient un des besoins de la nouvelle civilisation, ne doit être envisagée que comme l'effet de l'aisance générale, et d'un plus grand développement dans l'exercice des devoirs de l'homme; de ces devoirs qui lui sont imposés par sa conscience. A mesure que les orages politiques se calment, que la richesse et le bien-être de la vie matérielle s'étendent davantage, que l'humanité se montre sous son véritable aspect, à mesure que les différentes classes de la société sont appelées à faire partie de la nouvelle organisation politique, et à jouir de ses bienfaits, on éprouve le désir d'être utiles aux autres, et on cherche, dans la pratique de la charité, cette satisfaction et ce bonheur que les âmes bien faites aiment à goûter. De là cette émulation et cet empressement à prendre part au progrès de certaines institutions (1).

---

(1) De nos jours, tout ce qui peut améliorer le sort de l'homme qui souffre, tout ce qui peut l'arracher à l'abrutissement de ses facultés, à l'ilotisme de sa condition, à l'ignorance et à la paresse (qu'on peut regarder comme crimes de lèse-société); tout est mis en œuvre par les gouvernemens, par les comités particuliers, par les individus qui savent se donner le plaisir de la bienfaisance, vrai talisman de la richesse, lorsqu'elle exerce la pouvoir de faire des heureux ! Il y a, on ne peut se refuser d'en convenir, un lien général qui rapproche, dans le temps où nous vivons, tous les états... Il y a une langue universelle qui traduit les sympathies de toutes les nations appelées à s'entendre pour une civilisation qui présente un con-

À Montmorency, il n'y a que cinq sœurs de la Sagesse qui se partagent le soin de la surveillance de l'hôpital, où peuvent être reçus quinze à vingt

---

traste frappant entre l'égoïsme d'un côté, le sentiment réel d'humanité de l'autre ; entre le stoïcisme d'une part, et de l'autre l'empressement à secourir les classes indigentes, à soutenir l'enfance de ceux qui n'ont point de soutien, à protéger la vieillesse, qui ne peut pas lutter contre la misère ! A mesure que le cœur et l'esprit gagnent en sentiment et en intelligence, le besoin de pratiquer certains devoirs qui sont presque des instincts se fait sentir partout, et avec le courage qu'inspire l'indépendance de notre époque, l'accent de la charité, qui ne craint pas d'être étouffé par aucune doctrine impérative, acquiert de l'énergie et de la puissance. Reproduisant l'écho dans tous les cœurs de ceux qui tracent le mouvement de l'ordre social, cette voix devient universelle, parce qu'elle est écoutée et comprise par toutes les classes, par tous les individus et dans tous les pays.

L'Europe, où les peuples se sont élevés, par leur importance morale, au dessus des autres nations, l'Europe, où l'homme se présente comme modèle aux habitans des contrées qui luttent toujours contre l'ignorance, le despotisme, l'asservissement, l'Europe

malades, et l'éducation des jeunes filles pauvres. Il y a aussi quelques pensions ; mais il n'y a pas d'autre établissement public de charité. Tout ce

---

donne plus que jamais le beau spectacle d'une grande réhabilitation à la dignité de l'espèce humaine ; cette dignité, comprise dans son véritable sens, enrôlera, avec le temps, la terre entière sous la bannière du christianisme civilisateur. Tout homme maintenant, quels que soient son état, sa position, son mérite personnel, contribue pour sa part à faire disparaître (autant que les exigences de l'inégalité indispensable de l'ordre social le permettent) cette triste nécessité qui parquait l'espèce humaine dans des conditions faites pour tracer irrévocablement sa destinée.

Dès que ce sentiment de la dignité humaine s'est développé avec force dans notre siècle, grâce aux lumières devenues le patrimoine d'un plus grand nombre, à l'aisance et à la richesse répandues dans les classes qui en avaient été privées, ce sentiment, devenu en quelque sorte l'émotion d'une conscience générale, s'est montré si puissant qu'il a produit une noble émulation dans tous les pays. Maintenant que la guerre est saluée partout avec des malédictions, la société a tourné ses regards vers le sort de l'humanité, qu'elle ne veut plus voir qu'à travers le plus

qu'on fait à Montmorency, en faveur de l'indigence, à part de cette institution, est l'effet de la générosité des particuliers, surtout des étrangers qui

---

beau prisme. L'amour d'une bonne renommée, empruntant le manteau de la philanthropie, qui n'est que la charité *grécisée*, a enrôlé partout les gouvernemens, les notables, les artistes, l'industrie et les lettres, la propriété et le commerce, la grande et la petite fortune, et les a tous amenés à s'entendre pour détruire les obstacles qui s'opposaient à ce que l'on s'occupât sérieusement des classes pauvres. Que voyons-nous en ce moment? un spectacle nouveau, mais consolant : on veut s'enrichir, mais on veut faire du bien ; on veut se servir de tous les moyens qu'offrent la nature et l'art pour en tirer le plus grand profit: mais on veut multiplier aussi les moyens de soulager la misère, de remplacer les parens dans les soins que réclament les orphelins, d'aider l'enfance qui a besoin de protecteurs, de soutenir la vieillesse qui cherche un appui. De nos jours, l'égoïsme devient exceptionnel ; depuis que le mouvement social a pris le caractère que nous venons de signaler, on aurait honte d'être égoïste ; on ne le serait même pas par calcul, car l'égoïsme n'est la source d'aucun profit. Mainte-

passent l'été dans cet endroit délicieux.

De même que dans les grandes villes, à Montmorency, on fait des quêtes et des loteries. Le curé, le vicaire, le maire, font un appel aux sympathies

---

nant on fait de nouvelles entreprises, des spéculations fabuleuses ; on répand des capitaux gigantesques, on déploie un luxe qui contraste avec tant de besoins ; mais aussi on fonde tous jours des établissemens de bienfaisance, on multiplie les ressources du travail, on travaille pour tarir les sources de la misère ; les hommes et les femmes de toutes les classes, de tous les âges, se réunissent en comités ; il se forme des associations pour assurer une espèce de tutelle à cette partie souffrante de la société dont les exigences sont d'autant plus grandes que sa condition est intolérable. Ainsi le soin de veiller au bien-être de l'humanité prend l'homme à son berceau, l'accompagne dans toutes les phases de sa vie, pour ne le quitter qu'à la tombe.

Ce contraste entre une religion politique toute formée d'intérêts matériels et le besoin de la bienfaisance, cette avidité de s'enrichir par toutes les voies possibles, et cet empressement à s'imposer pour aider ceux qui ont droit à réclamer un secours : cet amour des personnes qui savent compatir aux souffrances du pauvre, et qui peuvent, par une légère contribution, leur procurer, tous les ans, quelque soulagement. Au reste, à Montmorency, et dans les villages qui l'entourent, on n'est jamais frappé de l'aspect de la misère; cette petite aisance du peuple qui suffit à satisfaire les besoins de l'artisan, du

---

de la dissipation, des plaisirs factices, du luxe, et cette mode de pratiques charitables devenue une préoccupation de la vie, sont le véritable cachet de notre temps, où, à côté d'une pensée quelquefois reprochable, se fait entendre le cri puissant des droits de l'humanité; où le vice et la vertu combattent l'un contre l'autre dans l'arène sociale, et où, au milieu des idées qui ont subi une grande révolution, les mœurs, pour s'affermir, attendent le triomphe de la dernière, qui ne peut pas être douteux; car plus les sociétés sont éclairées, plus elles reconnaissent la préférence qu'on doit au bien sur le mal, à la vertu sur le vice, à l'ordre sur le désordre.

cultivateur, du pâtre, du marchand, du prolétaire même, se montre partout, et donne à la ville une physionomie calme et une attitude paisible que ne troublent point ces épisodes trop fréquens parmi certaines classes d'ouvriers qui, par le genre de leur travail, changent les heures du repos en saturnales de cabaret.

Les habitans de Montmorency sont,

C'est par les moyens empruntés à la charité chrétienne qu'on obtiendra une transition de l'exceptionnel d'autrefois à la jouissance beaucoup plus étendue des bienfaits matériels, et à l'amélioration de la morale dans les masses. Le développement des institutions de bienfaisance, le désir de veiller à l'éducation de la jeunesse, à l'emploi du temps par le travail, assurent les résultats les plus heureux et les plus efficaces, et promettent à ceux qui doutent (parce qu'on est forcé d'attendre) qu'en moralisant les peuples, les saines doctrines l'emporteront sur les principes désorganisateurs, que la saine croyance prévaudra sur le scepticisme, et le sentiment du bien général sur l'égoïsme.

les trois quarts, occupés à la culture des champs; simples paysans, ou fermiers, ils ont leur jardin à soigner, leur petite propriété à embellir, leurs bois, leurs vignes, leurs prairies à faire valoir. Ainsi, ils apportent, dans leurs foyers, ces mœurs façonnées par l'habitude de la vie champêtre, qui est préservée de la corruption contagieuse des grandes villes. L'homme de la campagne, vivant presque isolé, occupé de sa charrue, de sa bêche, de sa faucille, de ses arbres, de ses plantes, de sa moisson; surveillant ses vaches, ses brebis, son cheval, tient sa pensée absorbée par les objets qui réclament ses soins; et tout son bonheur se borne à espérer d'obtenir la récompense de son labeur de ce sol même qu'il a cultivé, ensemencé, embelli. Passant ses jours au milieu des champs ou de la forêt, le spectacle journalier qui s'offre à ses yeux, le porte à contempler les beautés de la création ; s'il attend la pluie, s'il est impatient de voir arriver les chaleurs de l'été, il tourne son regard vers celui qu'une voix intérieure lui dit être la source de tout, pour lui demander d'exaucer ses vœux ; et si on l'interroge, sur le résultat des prochaines récoltes, il répond : « Dieu seul le sait. » Ce langage instinctif moralise, en harmoniant les mœurs et les habitudes avec le sentiment qui les inspire. Le laboureur, qui attend de la terre le prix de ses fatigues, ne peut pas se défendre de se fier à la Providence ; à chaque changement de l'atmosphère, il interroge le ciel, il le contemple, et tous les tableaux, ou sombres, ou rians, ces tableaux si variés, et toujours prestigieux, que présentent les différentes saisons, lui parlent du Créateur. Le rayon de soleil qui traverse sa chaumière et va caresser les plantes qu'il cultive, le réjouit ; le chant de l'oiseau, qui accompagne son labeur, égaie sa solitude ; obligé d'écouter la voix de la nature extérieure, séduisante ou terrible, inexorable ou pleine de charme. il éprouve le sentiment d'un culte pour cette puissance créatrice qui se manifeste à ses yeux. Je ne suis pas étonné si, pour arracher à leurs coupables habitudes les enfans qui ont débuté par le crime, on a institué des colonies agricoles ; la vie champêtre, qui a toujours en perspective le cadre ravissant de la création, est, sans contredit, un remède efficace pour simplifier et purifier les mœurs ; et ce bonheur paisible, ce bonheur de tous les jours qu'offre le travail des champs, doit exercer une influence salutaire sur le moral de l'enfance qui n'est pas encore complétement pervertie.

La vie des ouvriers, dans les villes manufacturières, est bien différente : réunis dans les ateliers, ils éprouvent le besoin de causer sans cesse, et de prendre part à tout ce qui se passe journellement dans les différentes classes du peuple ; ils s'intéressent aux événemens de la société, ils ont leurs journaux, ils se communiquent leurs projets, se créent de nouveaux besoins ; et, comme autour de leur métier rien ne parle à leur imagination ou à leurs sentimens, au sortir de leurs ateliers, ils courent chercher des distractions dans les cabarets, ou dans les spectacles qui excitent leur curiosité; là, ils vont dissiper le fruit de leur journée, ne rapportant au logis que d'inutiles regrets ! Quelquefois l'appât du vice vient les tenter dans leur triste oisiveté, qui les rend mécontens ; et quand le travail manque pour quelques jours, pour quelques semaines, ils s'en prennent à tout le monde ! Dans le malheur, lorsqu'on n'est pas résigné, il est si facile, je dirai même si naturel d'être intolérant ! De là ces coalitions d'ouvriers, qui se forment par la nature même de leur état ; de là ces exigences, ce mécontentement quelquefois justifié par une malheureuse nécessité. Si l'ouvrier est plus instruit que le cultivateur, il a plus d'ambition que ce dernier; s'il gagne plus, dans l'emploi de son temps, que le paysan, il aime aussi à se créer des besoins factices, auxquels celui-ci ne songe pas. L'ouvrier, qui vit au milieu du spectacle de la société, est toujours tenté d'envier ce qu'il appelle le bonheur des autres, tandis que l'homme de la campagne se borne à goûter les jouissances que lui offre l'objet de son labeur; et si les ouvriers sont dans un état de dépendance vis-à-vis le maître qui leur donne le salaire, ce qui engendre souvent le contraste des intérêts, le paysan, l'homme de la campagne goûtent parfois le bonheur de l'indépendance, et celui de ne reconnaître que Dieu pour seigneur et maître.

La petite ville de Montmorency, ainsi que je vous le disais, présente un aspect calme et tranquille; éloignée de la grande route, elle n'est pas exposée à voir germer ces pratiques qui démoralisent le peuple par certaines nécessités de contact dont on peut difficilement se préserver; le vice est contagieux. Les habitans paraissent satisfaits de leur condition sociale; la bonne santé, effet d'une atmosphère très salubre, et les habitudes champêtres, apportent le contentement dans les familles; s'il n'y a pas beaucoup de riches, il n'y a pas, non plus, beaucoup de pauvres; ceux qui s'y trouvent ne sont pas importuns.

En général, dans les petites villes et dans les villages, surtout dans ceux qui ne communiquent pas avec les grandes voies publiques, qui alimentent le vagabondage, la pauvreté n'est pas haineuse; elle ne se montre pas dans une attitude hostile et menaçante vis-à-vis de la fortune. Là où il n'y a pas un contraste frappant, entre la vraie misère et la fastueuse opulence, il n'y a pas, pour le cœur du pauvre, cette torture continuelle, qui aigrit son âme et le rend quelquefois méchant. L'aisance modeste n'offusque pas ceux qui vivent dans le besoin; et les débauches du riche, qui étalent leur indécent triomphe dans les grandes cités, ne viennent pas, dans les villages, insulter le pauvre, qui ne peut pas pardonner à la richesse de se prêter aux excès et au scandale du vice, tandis qu'elle ne daigne pas secourir l'indigence.

On rencontre, chaque soir, les gens de la campagne, dont Montmorency est peuplé, de retour de leurs champs, accompagnant leur vache ou leurs brebis; emportant leurs fagots ou leurs paniers chargés de fruits; ils rentrent paisibles dans leurs foyers, où les attendent les caresses de leurs enfans, les soins de leurs femmes, le modeste bonheur de la famille : *Interea dulces pendent circum oscula nati; casta pudicitiam servat domus ;...* là, ils vont goûter ce repas du pauvre accepté comme récompense du travail, repas qui n'envie pas le banquet du riche ; là, ils vont chercher le repos à leurs fatigues de la journée, et ne se soucient que du labeur du lendemain ; ce qui fait que la vie du cabaret et de la place publique est très exceptionnelle dans cet endroit ravissant, où je me suis tant plue.

Vous me demanderez, chère amie, si le temple du Seigneur est fréquenté, s'il y a un vrai sentiment de religion parmi les habitans du pays, s'ils aiment à remplir les devoirs pieux dans certains jours de fête ; je vous dirai que les hommes, à Montmorency, à quelques exceptions près, ne sont pas très empressés à se rendre à l'Église ; et que le vrai sentiment religieux, très vague et très faible, ne paraît pas être encore, généralement parlant, une conviction sérieuse. Le nombre des fidèles, cependant, s'est accru de beaucoup depuis quelques années, et chaque jour, à ce que l'on m'assurait à **Montmorency**, ainsi que dans plusieurs villages, on est moins rebelle à écouter la parole évangélique.

L'œuvre de ramener à une croyance religieuse ferme et conséquente un pays qui, comme la France, a souffert de si longues et orageuses vicissitudes politiques et morales, est bien lente. Les impressions que de telles vicissitudes ont laissées dans l'esprit des masses ont été, on peut le dire, contraires aux pratiques de certaines vertus chrétiennes. Depuis qu'on éprouve les bienfaits de l'éducation publique, garantie par la paix, par l'exemple et par la parole des apôtres du bien; depuis que l'instruction devient générale; que les institutions de bienfaisance, les écoles primaires, les salles d'asile, dirigées dans le sens de la morale religieuse, rachètent les erreurs passées en éclairant le peuple, il ne s'est pas écoulé assez de temps pour que les habitudes sociales aient pu subir un grand changement, et perdre tout à fait leurs anciennes tendances. Il faut donc se résigner à attendre que l'influence des principes qui ont abouti à l'indifférence en matière de religion, quelquefois même au mépris; que ces principes, qui se sont développés sous la première révolution, qui ont lutté pendant les quinze années de la restauration, et qui ont reparu avec force, en 1830, puissent s'effacer, pour qu'on soit à même d'observer, dans une nouvelle génération, qui n'a eu aucun contact avec les traditions de ces temps d'orages, une physionomie morale toute différente de celle qui formait le cachet de la génération qui l'a précédée.

Rien ne se décompose, rien ne se refait sans une action préliminaire mais aussi sans un temps d'intervalle. Les causes morales, qui agissent pour obtenir un résultat, ne peuvent qu'imiter les causes physiques, qui préparent, d'une manière occulte, les effets apparens. La nature, se chargeant elle-même de réparer le désordre produit par ses agens destructeurs, nous montre le travail pénible, et le temps dont elle fait usage pour remettre ou recomposer ce qu'elle avait bouleversé. L'homme aurait-il plus de force, plus de moyens pour réparer, sans attendre, les désordres causés par des vicissitudes politiques, ou par quelques égaremens de ses facultés intellectuelles ?

L'ignorance des vérités éternelles, dans laquelle certaines classes de la société ont vécu pendant bien des années, le manque de connaissances dans le peuple, que la vie des camps et les désordres civils avaient privé de l'instruction nécessaire, l'absence de certains exemples dans les pratiques salutaires qui exercent leur influence sur les mœurs, avaient produit cet état maladif de l'indifférence pour les devoirs du culte et les consolations de la foi. A mesure que cet état disparaîtra, grâce aux soins du gouvernement, au zèle des hommes éclairés, à la parole puissante des orateurs chrétiens qui tâchent de répandre partout les lumières saines et utiles aux mœurs et aux principes; à mesure que les anciennes habitudes perdront de leur force, que les causes qui les avaient formées ne pourront plus se renouveler, il s'opérera dans l'ordre social une modification complète de cet état de mépris ou d'insouciance pour les devoirs religieux, effet du peu de savoir ou des fausses doctrines qu'on aimait à répandre. Vous connaissez la sentence d'un grand homme : *Ceux qui savent peu doutent; ceux qui savent beaucoup croient.* Mais ce travail ne peut pas être l'œuvre de quelques d'années ; et on ne doit pas s'étonner que le progrès du nouvel état social sous ce rapport, soit lent et quelquefois douteux ; l'éducation, ainsi que d'autres institutions politiques, a besoin des progrès du temps, pour obtenir des résultats solides. Un ancien curé d'une ville près Paris me disait l'autre jour : « Lorsque je suis arrivé dans ma cure, je n'ai pas même remarqué dans les gens du peuple les principes de la morale païenne ! maintenant ils commencent à croire. »

—

Au moment où Napoléon parvint au

pouvoir, la nation ne croyait plus à rien. Le trône avait été brisé; l'autel avait été abattu; on ne trouvait plus rien à détruire; et, avant l'apparition du général de l'armée d'Égypte, on aurait cherché une idole pour l'encenser, qu'on ne l'aurait plus trouvée. Ce qui était désolant (mais bien naturel pourtant), c'est que l'état d'exaltation qui, en enfantant des prodiges, avait pu soutenir, pendant des années, les excès de toute nature, se fût calmé par épuisement; et, pour cette grande nation, il fut un moment où il ne restait que le vide effrayant produit par l'athéisme politique et moral. On n'avait plus de confiance en rien, pas même dans la victoire, qui avait alimenté l'enivrement de la France entière. Lorsque le premier consul parla de religion, d'autel, de culte, chacun se demandait si on en avait conservé le sentiment ; il y eut des personnes, et en grand nombre, qui éprouvèrent une sorte de contentement au fond de leur cœur; mais peu savaient ou osaient l'exprimer, et ce contentement même était trop vague pour paraître un besoin. La religion qui, sous le régime consulaire et impérial, était protégée comme moyen efficace pour assurer l'ordre et la paix intérieure, pour adoucir les mœurs et resserrer les liens de la famille, pour garantir et sanctionner le pouvoir, était encore dépouillée de tout son prestige, et privée de cette influence qui moralise la société. Le souvenir de tout ce qui s'était passé pendant onze ans agissait puissamment sur les habitudes et les sentimens des masses coordonnées par l'homme dont la force et le génie surent, dès son apparition, donner une nouvelle vigueur à cette France, qui paraissait avoir besoin, sans se l'avouer, d'une dictature ou d'un trône. Mais la nation, appelée à vivre alternativement sur les champs de bataille, à s'enivrer de gloire, à s'enrichir de la monnaie des triomphes, ne put pas profiter de cette éducation publique élémentaire, qui sait inoculer à la jeunesse les principes de la morale chrétienne, et prescrire l'accomplissement des devoirs qui la caractérisent. Sous Napoléon, on comprit la nécessité de la religion et de l'ancienne religion de la France ; mais on n'en goûta ni les douceurs, ni les consolations qui la rendent si salutaire.

Tout le temps de la restauration, une grande partie de la nation mécontente se constitua dans un état d'opposition qui la mit en défiance de tout ; ainsi, soupçonnant les intentions du gouvernement, elle ne se fia pas non plus au langage pieux de la religion dont, sous Charles X, il semblait qu'on voulût se servir pour soutenir et proclamer les principes politiques de la cour. Le nom même de *Sainte-Alliance*, donné par les cabinets à une ligue politique, indisposa dans ce temps-là les peuples de différens pays; on soupçonna ses principes, son mysticisme, son but ; on peut dire que la Sainte-Alliance ne servit qu'à enfanter une sourde réaction dans les masses. Le parti fort de la nation française, qui était encore celui qui avait figuré sur le champ de bataille, sympathisait avec le parti démocratique dont la gloire militaire ne pouvait plus étouffer ni les instincts ni la voix; et pendant les quinze années de la restauration, les complots et les haines politiques firent tort aux croyances religieuses, que certains membres du gouvernement voulaient imposer comme moyens d'obéissance. Les luttes sociales, en les supposant même utiles, démoralisent, pour quelque temps, les peuples qui les soutiennent ; ainsi, on écouta moins, on écouta avec méfiance la voix des ministres du sanctuaire, et on rejeta quelques torts du gouvernement sur leur influence.

A la révolution de 1830, triomphe populaire sous une forme légale, toutes les passions fermentèrent sous le drapeau d'une monarchie qu'on voulait appeler républicaine, mais d'une monarchie. (Ce mot tutélaire sauva la France en 1830.) L'enivrement était complet, l'action n'était pas uniforme; il fallait donc laisser au temps le soin de calmer l'effervescence d'un parti qui ne pouvait pas être fort tant qu'il s'appuierait sur le désordre et tant qu'il mettrait sa confiance dans quelque acte coupable... Le roi comprit sa mission, et il s'y dévoua d'une manière admirable. Aidé par la Providence, il attendit avec calme, mais avec fermeté la lassitude des passions, qu'il est impossible de modérer tout au commencement des commotions politiques, surtout lorsque de telles commotions ont une source aussi gigantesque que la révolution de 89. Pour imiter le langage éloquent d'un des plus grands écrivains de la France, on peut dire qu'en 1830 *le roi a été la prudence de la démocratie* (1). La partie la plus considérable de la nation, qui savait appré-

---

(1) « La démocratie, disait M. de Talleyrand, est une plante américaine qu'on ne peut pas greffer en Europe ; l'essai qu'on en fit en 1793 n'a pas été heureux. »

Les trônes sont le dépôt de confiance des peuples dont la marche sociale est en partie tracée par les habitudes. *La terre sous les rois est plus ancienne que les hiéroglyphes et les chants d'Homère ;* et les peuples qui posèrent les premières couronnes sur la tête de leurs chefs y trouvèrent leur utilité : c'est pour cela qu'ils les ont conservées, et qu'ils y tiennent.

cier tout ce qu'elle avait gagné en portant un jugement sain sur la marche du progrès qu'on devait suivre, a secondé le roi dans l'accomplissement de sa tâche si belle, mais si difficile, et a soutenu le gouvernement dans les luttes qu'il a dû essuyer. Et maintenant le roi, le gouvernement, la nation, commencent à tirer le profit heureux et incontestable de leurs labeurs; il y a calme, il y a prospérité, il y a amour du bien; partout il y a développement prodigieux dans les différentes branches des facultés morales. Au milieu d'une paix profonde, ainsi qu'on l'a bien remarqué, que de progrès déjà accomplis! que de principes nouveaux mis en pratique! que d'agitations régularisées et rendues fécondes! Il faut pourtant encore attendre; il faut que les nouvelles garanties politiques, les nouveaux intérêts, la nouvelle civilisation, fondée sur les principes de l'ordre et de la morale publique, puissent effacer entièrement les traces de l'ancienne marche sociale, et les effets des anciennes idées et des anciennes habitudes; il faut qu'on ait le temps de comprendre, par le fait, les avantages qu'offrent des institutions conformes au bien-être général réclamées par l'amour d'une sage liberté, par le désir d'une instruction solide, utile et analogue aux sentimens de bienfaisance et d'humanité (1).

---

(1) Il y a des sentimens d'humanité qui se mêlent aux principes politiques; mais alors ils rencontrent des obstacles dans l'application, et sont forcés, par la marche des événemens, de se résigner à un état de contraste

Tous les esprits sont dans l'attente et pour différens objets; mais l'attente la plus sérieuse, la plus riche d'espérance, est celle qui a rapport au bien-être physique et moral de la plus grande partie de l'humanité. *Les peuples de nos jours sont en travail d'une propagande pacifique, d'une conquête morale qui accomplira l'avenir et l'avenir de toutes les nations.* « Mais un pays (selon le mot d'un écrivain distingué) n'est point véritablement civilisé, quand un citoyen

---

dont ils ne peuvent sortir qu'avec peine. Explique qui pourra pourquoi les puissances chrétiennes ont laissé le peu de terrain qui contient le tombeau de Notre Seigneur au pouvoir des Arabes, exposé à leurs insultes, et pourquoi, dans aucun traité, on n'a jamais stipulé la cession de cette faible portion de la Palestine. Serait-ce par l'effet de cette politique, qui ne met en avant les principes religieux qu'autant qu'ils lui sont utiles?

n'y voit pas respecter ses croyances religieuses. La vie morale et intellectuelle de l'homme se compose de convictions : les premières, les plus élevées, les plus saintes, sont les convictions religieuses. »

Si nous jetons un regard sur la masse de la nation, que voyons-nous? Les vieillards qui appartenaient à 93 et à l'empire, ne pouvant plus prendre part à l'action sociale, se résignent à s'effacer du tableau. Leur influence se borne à faire partager les regrets de l'ancienne gloire. Ils n'acceptent de l'état de choses actuel que la garantie d'une paisible existence. Il y en a qui ont peu de croyances, encore moins de convictions; mais ceux-ci ne prétendent pas prêcher leur indifférence, et l'imposer aux autres. Ceux qui commencèrent à lutter du temps de la restauration, et qui prirent part à la révolution de 1830, s'ils ont modifié une partie de leurs idées, n'ont pas pu renoncer entièrement à certains principes, et même à certaines illusions auxquelles ils paraissent tenir beaucoup. Ainsi placés entre le passé et l'avenir, ils attendent un résultat conforme à leurs désirs, et ne donnent que des demi-gages au véritable progrès, tel que l'exigent l'ordre et les doctrines politiques et religieuses, qui pourront raffermir l'attitude de notre société.

Il n'y a donc que la jeunesse qui puisse comparer les résultats des tâtonnemens politiques du passé, avec ceux qu'on obtient de nos jours; elle seule qui n'a pas pris part à ce ballotage des destinées d'une nation, peut juger avec impartialité. Il n'y a que cette jeunesse qui, élevée au milieu du spectacle tranquille de la société actuelle, nourrie des principes sains qu'elle a puisés dans les institutions salutaires, éclairée par l'expérience du passé, encouragée par l'exemple des vertus civiles et religieuses qui s'offrent à ses yeux pourra bientôt fixer et garantir l'ère nouvelle de la marche sociale.

Les bons exemples ne manquent pas; sans parler de cette auguste princesse, si chère au peuple, et de ces princes dont elle a su former le cœur, nombre de notabilités, dans toutes les classes et dans toutes les villes, rivalisent de zèle pour concourir à doter la nation de ces bienfaits qu'elle peut attendre de l'éducation et de la charité. Lorsque le vainqueur de Nerwinde et de Steinkerque disait, à son lit de mort : « Je préférerais aujourd'hui, à l'éclat de victoires inutiles au tribunal du juge des rois et des guerriers, le mérite d'un verre d'eau donné au pauvre pour l'amour de lui, » il ne pouvait pas supposer que le sublime de cette pensée devait un jour être senti de toutes les nations et servir de drapeau à la société du dix-neuvième siècle.

—

Je ne devais, ma chère et bonne amie, que vous communiquer quelques simples remarques sur la physionomie morale et religieuse de la petite ville de

Montmorency, et me voilà entrée dans des considérations générales qui m'ont un peu éloignée de mon sujet; mais je trouve mon excuse dans la peine que j'éprouve à quitter ma plume lorsque je m'entretiens avec vous, et surtout lorsque je vous parle de choses que je sais vous intéresser beaucoup, choses auxquelles toutes les âmes bien faites comme la vôtre aiment à prendre part.

On a beau s'étonner de tout ce qui arrive dans notre siècle, rien n'est plus frappant que ce concours général qui tend à moraliser le monde. Le contraste des principes, la lutte permanente entre certaines vérités réelles et certaines fausses doctrines, loin de nuire à ce résultat, servent à le hâter et à lui faire atteindre le but qu'on espère. L'agitation régulière épure les facultés intellectuelles, et l'activité intelligente féconde les intérêts matériels aussi bien que les besoins de l'âme; la vie publique, de même que la morale religieuse. Je termine cette lettre qui menace d'être interminable, en vous rapportant les mots d'une personne spirituelle qui disait : « Sous les vents du ciel se meut çà et là quelque grain de cette civilisation chrétienne qui fait sentir de nos jours le prix de la moralité sociale, à côté de la moralité religieuse. »

Montmorency, 6 novembre 1845.

C'est ma dernière lettre, chère princesse, je pars dans quelques jours ; je quitte Montmorency, je rentre en ville, où je vais reprendre le régime de tous les ans. Quel contraste avec la vie que j'ai passée à la campagne !

Avant de faire mes adieux à cette vallée ravissante, où, entre autres agrémens, il faut compter celui de se bien porter tout le temps qu'on y demeure, ce qui fait quelquefois de la peine à ceux qui ont l'habitude des maux de nerfs, des migraines, ou de toute autre indisposition favorable aux poses à effet (moralement parlant); avant, dis-je, de prononcer le mot d'*adieu*, j'ai voulu, pendant trois jours, faire mes visites de congé à tous ces villages qui ont tant contribué à me procurer la jouissance des tableaux que j'ai admirés. J'ai voulu leur dire combien je regretterai de ne plus les voir chaque jour! Je m'y étais si bien accoutumée, que j'appellerai plus d'une fois à mon aide mon imagination complaisante, pour me les représenter lorsque j'en serai absente.

Le temps, qui pendant deux mois a été

si pitoyable qu'il fallait le prestige de cette vallée de Montmorency pour qu'on pût le supporter, afin d'accroître mes regrets, est devenu ravissant.

Une belle journée, vraiment belle, un ciel sans nuages pendant quatre jours consécutifs, dans ce pays-ci, c'est un excès de bonté de la nature, un événement qu'on aime à raconter, un thème inépuisable pour la correspondance épistolaire. — En Italie, ce firmament transparent, toujours rose, toujours voluptueux, éblouissant et magnifique dans sa monotonie même, vous défend d'y fixer les regards; le feu dont il est embrasé force les mortels à baisser les yeux, et ne laisse pas à l'âme le calme de la contemplation. — En Sicile surtout, lorsque j'y étais, je n'osais jamais diriger ma vue vers le ciel ; il me paraissait, ou trop pur, ou trop ardent pour des yeux profanes ; mais ici il y a modération de lumière, équilibre de température, rien d'excessif dans cette richesse de teintes azurées ; on peut impunément regarder pendant des heures ce dôme majestueux de la terre, que je contemple quelquefois comme l'entrée de l'espace incommensurable où se meuvent toutes ces parties de l'univers, qui ne font qu'obéir à une seule loi, à une seule volonté, à un seul principe ! Quelle pensée sublime que celle qui nous invite à cette contemplation d'où ressort l'amour sans bornes pour la cause première, pour ce pouvoir créateur auquel on reporte tout. — L'amour n'est que l'expression la plus élevée et la plus profonde de nos sympathies pour ce que nous croyons parfait, pour l'être auquel nous devons notre bonheur. Combien de personnes ont été folles de Napoléon sans le connaître ! Le grand roi, par ses conquêtes et par sa magnificence, a exploité bien des faiblesses dans le cœur des femmes. On n'a jamais disputé au génie le succès de l'admiration et la force de l'entraînement. Elevez plus haut ces sentimens, cette admiration, cet amour ; rendez-les sublimes et purs en leur donnant pour objet le principe de toutes les existences et de toutes les grandeurs, et l'amour et les sentimens qui vivent dans notre âme seront absobés par l'Être infini qui a créé et qui conserve.

Sur le vaisseau qui le transportait en Égypte, un soir, le général Bonaparte, admirant le ciel où brillaient des milliers d'étoiles, interpella ainsi ses aides-de-camp qui faisaient les incrédules : « Messieurs, qui discutez, levez les yeux vers le firmament, et dites-moi qui a fait tout cela? Quelqu'un de vous pourrait-il me répondre? » Les raisonneurs n'opposèrent au grand homme que leur silence, et ils n'osèrent pas nier cet instinct qui porte l'âme à se passionner pour l'auteur de toutes les merveilles de la création. — La nature du cœur humain, faite pour aimer ce qui est beau, ce qui est bon, grand, glorieux. même sous le voile du mystère, nous conduit à ce but. Qu'il est sublime ce mot de sainte Thérèse qui, en parlant du démon, disait : « *Ce malheureux qui ne saurait jamais aimer!..* »

Je vous disais donc, chère princesse, que j'avais fait mes visites de congé à tous ces villages qui paraissent les vassaux respectueux de Montmorency; et maintenant je voudrais achever ma dernière lettre en vous faisant faire connaissance avec certaines localités, que je trouve ravissantes. Lorsque je les visite, je tâche d'interroger leur histoire, et de découvrir leurs beautés d'autrefois. Mais je doute qu'elles puissent avoir aucun intérêt pour vous; je ne puis pas même prétendre à ce que vous fassiez un effort d'imagination pour vous en faire une idée, vous qui ne connaissez, ni ces lieux particulièrement, ni la France en général. De nos jours, le voyageur qui jouit des points de vue qu'on peut comparer à ceux qu'offrent ces villages, ou à d'autres aussi pittoresques, ne se donne plus la peine de les décrire. On ne fait plus de thèmes de collége avec de belles phrases de rhétorique, lorsqu'il s'agit de rendre l'effet d'une jolie campagne, surtout depuis que l'inventaire des meubles de chaque maison, et de la toilette de chaque héros de roman, est devenu indispensable pour les écrivains qui ont entrepris la contrefaçon du poète écossais.

Envisageant même la chose sous un plus vaste point de vue, il faut avouer que les ouvrages sur l'Italie, sur l'Allemagne, sur l'Angleterre, sur l'Espagne, sur la Russie, deviennent fatigans et d'un très faible intérêt. Comment croire, en effet, qu'on peut lire quelque chose de nouveau dans ce qu'on appelle les pélerinages le long du Rhin, quelque chose d'inconnu dans ces courses à travers les Pyrénées ; quelque chose d'instructif dans tous ces volumes qui nous parlent de Rome, de ses antiquités, de ses cardinaux, de ses villas, de son Vatican; et de Naples et de ses lazzaroni, qui n'existent plus, et de son Vésuve qui donne rarement des représentations extraordinaires à la curiosité, et de Pompéia, que tous les commis voyageurs, tous les marchands de modes, tous les étrangers de tous les pays connaissent par cœur ? Parlez encore de Londres, des ses *routs*, de sa chambre des communes, de l'aristocratie anglaise, des manufactures de Birmingham et de Manchester, des lois sur les céréales, etc., c'est assommant. Pour l'Espagne, ce sont toujours des histoires de voleurs, des aventures de contrebandiers, des amours de Gitanos, les anecdotes de la *Grandesse*, les combats de taureaux, moins acharnés que celui qui se livre entre les absolutistes et les constitutionnels; pour l'Allemagne, ce sont aussi toujours les luttes religieuses, les systèmes de philosophie et le progrès de la presse; les exigences politiques des représentans dans les chambres des petits États, les promesses intermittentes et douteuses de leurs cabinets; le Zolwerein, les fêtes d'inauguration, etc... De même de la Russie absolue, de la Hongrie quasi-libérale, de la Suède, un peu l'une et un peu l'autre : thèmes qui ont perdu le charme de la nouveauté, et où l'esprit a besoin de broder le fait ou de le dénaturer, pour en faire une espèce de roman. Maintenant, pour donner de l'intérêt à un tableau descriptif, il faut que les voyageurs nous parlent de l'intérieur de l'Afrique, des contrées reculées de l'Amérique du Sud, du centre de l'Asie, de la Nouvelle-Zélande, etc. Coûte que coûte, il faut pénétrer dans l'Abyssinie, dans la Nigritie, il faut aller des sables de Memphis à ceux du Sénégal, parcourir l'Afrique depuis Alger jusqu'au Cap par terre, et même en voiture s'il y a moyen : planter le plus loin possible ses colonnes d'Hercule pour apprendre des choses toutes neuves, des aventures qui nous donnent de fortes émotions ! — On ne vit plus sans les fortes émotions. Depuis que l'Europe a cessé d'être le théâtre du grand poème épique de l'empire, puis l'arène tumultueuse des combats politiques sous la restauration, depuis qu'elle ne promet plus rien de nouveau (car les luttes de la Pologne n'offrent que des regrets, et celles de l'Espagne que des craintes), l'Europe a heureusement perdu le secret des grandes émotions (celles de la Bourse exceptées) ; mais comme elle en a légué le besoin, il faut les chercher ailleurs. Qu'on nous raconte donc tout ce qui se passe dans les montagnes de l'Indoustan, ou dans le grand désert de *Chamo*, ou dans la terre de Feu ; qu'on écrive quelque relation sur les Cordillières qui n'ont pas été visitées ; qu'on fasse quelque nouvelle découverte au delà du pôle ; qu'on quitte le globe arrondi et aplati, et qu'on nous parle de quelque aventure *héroïco-sentimentale* arrivée, sur les bords de rivières inconnues, à des hommes merveilleux ; tout cela aura de l'intérêt. — Le Mogol offrira, pour quelque temps encore, quelque chose de nouveau à la curiosité ; mais la Chine sera bientôt connue, très connue, autant peut-être que les bords du Rhin. La vieille Europe, qui vieillira, dans deux ou trois siècles, les autres contrées, l'Europe qui imposera ses habits, ses chapeaux, ses étoffes, ses meubles, ses voitures, ses pièces de théâtre à toutes les populations des cinq parties de la terre, n'est plus un sujet de véritable curiosité pour personne.

Tout passe dans ce monde, la jeunesse est le premier pas vers la décrépitude; et cette Europe qui était si romantique et si romanesque lorsqu'on voyageait à deux sur un mulet, lorsqu'on la parcourait à pied comme des pélerins, puis en chaise à porteurs, puis en litière, puis en grand carrosse, puis en cabriolet ou en berline; l'Europe qui, conservait encore, il n'y a pas long-temps, des endroits où étaient inconnues les voitures de poste et les diligences, maintenant que le système *phalanstérien* s'est réalisé par les chemins de fer, est devenue un lieu commun, le vrai alphabet des voyageurs; et on ne dira plus : *J'ai été à Paris, à Londres, à Rome, à Naples,* car cela devra se sous-entendre, et on ne pourra plus se dispenser de visiter ces villes une fois par an.

Le jour où toutes les lignes des chemins de fer seront achevées, toutes les villes deviendront des hôtels garnis; le mélange sera colossal, on arrivera partout sans voyager, et ce sera une sotte prétention que celle d'écrire quelque chose d'intéressant sur les pays entre la Baltique, la Méditerranée et l'Océan.

Que restera-t-il pour la curiosité de tous les hommes qui naissent curieux, lorsque l'Asie entière sera sillonnée par des milliers de locomotives, et qu'on verra les marchandes de modes de la rue Vivienne à Pékin, à Téhéran, à Moka, à Tombouctou? lorsqu'il n'y aura plus de déserts, et qu'on lira partout : *Café restaurant* et *Magasins de nouveautés*? Ne faut-il pas s'affliger de cet avenir, car l'inconnu est pour beaucoup dans nos illusions; et l'espérance de faire des découvertes, d'accroître le domaine des choses positives et celui de la pensée, sera toujours le grand mobile de l'esprit humain.

Cependant, malgré ce que je viens de vous dire, cette théorie, qui sent un peu trop *le progrès*, et qui, prise au sérieux, nous ramènerait à la lassitude de tout, ou, pour mieux dire, à ne jouir de rien, il y a, et il y aura en tout temps l'intérêt qui s'attache à certaines réminiscences ; et si la *magna pars gentium* n'est sensible qu'aux profits matériels, les exceptions témoigneront qu'on n'a pas entièrement renoncé à apprécier les hommes et les objets qui sont entrés dans le domaine de l'histoire. Il y a des sites qui rappellent des noms ou des faits plus ou moins célèbres, et qui conservent une importance relative aux souvenirs qu'ils retracent. Dans la valeur même de certaines figures historiques, on trouve des nuances qui correspondent aux idées et aux sentimens les plus divers : on a des héros en tous genres, et des martyrs pour toutes les causes. Les grandes passions, ainsi que les grands talens, ont fourni, à toutes les époques, une ample matière à l'enthousiasme des peuples. Pourtant il en est beaucoup dont la célébrité ne devait pas survivre à l'engouement passager qui l'avait produite, beaucoup dont nous voyons l'éclat s'effacer de jour en jour, parce qu'ils sont appréciés sous un point de vue différent de celui d'autrefois. C'est ainsi qu'à l'égard de certaines personnes l'admiration est si mobile et si peu durable.

Il y a néanmoins quelques noms, quelques renommées qui triomphent et du temps, et des vicissitudes sociales, et des caprices de l'esprit humain. Cela n'empêche pas que chaque siècle n'ait ses flatteurs, que chaque civilisation n'ait son tribunal et ses juges, chaque société ses prédilections et ses favoris. Faites renaître Diogène au milieu de Paris, il serait sifflé par les gamins; faites asseoir, au Luxembourg, le sénateur qui se fit arracher la barbe par le soldat gaulois, le président de la Chambre le prierait de sortir... Mais, trêve de considérations ou de divagations, pour mieux dire. Je vais vous parler des villages dont j'ai pris congé; et je commencerai par celui qui est le plus proche de Montmorency.

—

Andilly, comme intérêt de souvenir, vous présente la maison que le prince de Talleyrand y fit bâtir ou agrandir; elle est placée dans le site le plus romantique et le plus ravissant qui domine tous les autres. M. de Talleyrand se plaçait toujours avantageusement; partout, et dans tous les temps, il a su choisir le lieu et la position qui lui convenaient le mieux ; c'était là son grand talent. Le mot d'*à-propos* paraît avoir été créé par lui et pour lui. Jugeant toujours du moment utile pour quitter les affaires, il n'a jamais manqué de les reprendre au *jour* et à l'*heure* qui pouvaient lui convenir. Depuis son retour d'Amérique, jusqu'à la fin de sa vie, il a eu le grand art de faire croire qu'il en savait plus que les autres, et qu'il savait faire mieux que d'autres. Le Directoire crut le citoyen Talleyrand l'homme le plus habile pour mener les affaires du dehors. Napoléon jugea que M. de Talleyrand, grand seigneur, était le plus propre à traiter avec les rois et les cabinets ; M. de Talleyrand sut être le premier courtisan, lorsque même Bonaparte n'avait pas encore le droit d'en avoir. *Il flaira l'ambition de l'absolu* dans l'âme du héros républicain ; il comprit sa force, et alors il se mit à faire de l'ancien régime dans le cabinet du premier consul. Lorsque Napoléon put se passer du ministre courtisan, M. de Talleyrand cessa de l'être. Alors l'empereur le trouva paresseux et pas assez soumis. Mais comme il était d'une haute noblesse, le prince de Talleyrand resta grand-chambellan, pour associer son nom aux illustrations nouvelles.

Une des idées dominantes de l'empire était de joindre les antiques parchemins des familles à l'éclat des victoires, et de mêler l'ancienne aristocratie à celle qu'il avait créée. La poudre des blasons du mogen-âge déguisait un peu le vernis du trône impérial. Ce qui tourmentait Napoléon, c'était de se trouver, lui, empereur, trop moderne !... comme s'il eût été nécessaire qu'une généalogie couvrît de son auréole le berceau d'un tel homme !

M. de Talleyrand habitait parfois Andilly lorsqu'il était ministre de Napoléon. Il fallait encore, dans ce temps-là, qu'un ministre s'entourât d'un certain mystère. S'isoler de temps à autre, prendre une attitude d'oracle, se faire suivre et chercher dans sa retraite champêtre, c'était là un rôle habile que M. de Talleyrand, avec son esprit et ses manières, jouait à merveille, et que ses prédécesseurs, avant la révolution, avaient aussi bien joué quelquefois. Jamais homme d'affaires n'a su poser si bien que lui, pour faire croire à l'importance des affaires, même lorsqu'il n'y avait point d'affaires, et à la dignité de celui qu'on devait supposer en avoir le secret; et lorsque l'ancien ministre du Directoire et de l'empereur arriva à Vienne, disant qu'il apportait *la définition de la légitimité*, on le crut sur parole, et on écouta, avec recueillement, l'éloge funèbre qu'il écrivit pour l'anniversaire du 21 janvier... (La tribune n'avait pas encore commencé à combattre et à dissiper les prestiges des hommes qui gouvernent les États.) Le jour où M. de Talleyrand apprit la fuite de Napoléon de l'île d'Elbe, après avoir gardé quelque temps le silence, il dit au duc de Dalberg : *Voilà un grand fou qui rendra un grand service au duc d'Orléans* (1). On ne fit pas attention alors à ce mot, qu'on ne comprenait pas, et on était bien loin de le regarder comme prophétique.

Ministre pour très peu de temps sous la restauration, qui n'aimait pas à s'avouer reconnaissante de ce qu'elle devait à M. de Talleyrand, il le fut assez pour garder l'attitude d'un homme qui était toujours quelque chose, et quelque chose d'important. Son attitude ne fut

---

(1) En 1832, le duc de Dalberg, en son château de Hernesheim, rapporta le propos de M. de Talleyrand à celui qui publie ces lettres.

jamais en désaccord avec les conclusions qu'il voulait qu'on en tirât. Visant constamment à l'effet, par des moyens qui lui étaient propres, il réussit toujours à en produire. Lorsque Andilly ne lui fut plus utile, il le céda. Le grand seigneur, le ministre toujours possible, l'homme habile à consulter, chef d'une opposition qui avait la parole des oracles... tout cela allait très bien à l'intelligence, à l'allure, à la finesse du prince de Talleyrand, jusqu'en 1830. Mais lorsqu'en 1835, quittant toujours *à propos* sa place d'ambassadeur en Angleterre, après cinq ans d'absence, il vint à Paris, jugeant, avec son coup d'œil qui ne l'avait jamais trompé, la nouvelle société, il dit à ses amis : *Nous sommes devenus bien bourgeois, et nous resterons tels.* Il comprit alors qu'il n'y avait plus rien à gagner, ni pour le grand seigneur, ni pour l'homme habile dans les anciennes affaires ; et, après avoir tout bien calculé, il se dit qu'il était temps d'en finir avec la vie, pour en sortir *quand il le fallait*, et revenir au drapeau qu'il avait déserté dans sa jeunesse. Il quitta le monde avec esprit, ainsi qu'il y avait vécu.

M. de Talleyrand ne s'était pas trompé dans le jugement qu'il avait porté sur la société française. La révolution de 1830 avait définitivement congédié l'aristocratie qui, jusque alors, avait encore eu son mot à dire. La bourgeoisie, à laquelle on devait la révolution, voulant prendre un rang important, on déchira le pacte qu'on avait formulé avec la pairie. Le mélange de tous et en tout fut complet, et devint le programme réel des derniers événemens.

Jusque alors on avait vu, à la surface de la société, des personnes qui, appartenant à des familles illustres, aimaient à conserver une partie de leur ancienne position. Grâce à la noblesse de leurs manières, à la recherche de leurs habitudes, à l'élégance de leur langage, parfumé des phrases de l'ancienne cour, ils espéraient que les noms seraient encore quelque chose, et qu'ils leur serviraient à tracer une ligne de démarcation dans les cercles, dans les réunions publiques, dans les places; ils se flattaient de garder le privilége de la distinction comme classe, et de le substituer aux droits qu'ils avaient perdus. Mais la révolution de 1830 enleva ce dernier espoir, et ne leur laissa que des regrets: le peuple, dès qu'il comprit qu'il n'avait plus aucun intérêt à rendre hommage aux familles anciennes, cessa de les regarder comme une exception.

Quoique le prince de Talleyrand eût eu plus de titres que bien d'autres à ce que son nom fût prononcé avec admiration partout où il avait été connu, les vieillards d'Andilly, si on en excepte deux ou trois, ne se rappelaient pas le grand seigneur spirituel, le ministre habile qui avait habité une maison dans leur village. M. de Talleyrand, qui a laissé tant de souvenirs dans la mémoire des personnes qui ont été à même d'apprécier l'étendue et la sagacité de son esprit, ne pouvait pas en laisser à des villageois, qui n'ont pu garder pour lui un sentiment quelconque.

Il y a peu d'hommes d'État qui, par leur renommée, vivent dans la mémoire des peuples : si on excepte ceux, tels que Richelieu et Mazarin en France, et quelques autres dans les pays étrangers, qui, sous le titre de ministres, ont exercé, en réalité, le pouvoir des rois, et qui, par leurs actions et par leur *règne,* pour ainsi dire, ont fait disparaître le prestige du diadème, les autres, même les plus illustres, sont toujours effacés par la figure principale qui, sur les marches du trône, domine tout ; aussi, leur réputation ne peut se conserver que dans la pensée de ceux qui, lisant attentivement l'histoire, savent juger du progrès de l'action sociale, des causes et des agens qui ont fait agir, à différentes époques, les gouvernemens ; mais non dans celle des masses, qui ne gardent que la souvenance des hommes qui leur ont été utiles, ou de ceux qui ont légué à la postérité une gloire éclatante.

—

Quand je suis arrivée à Saint-Gratien, ce fut tout le contraire ; on me demandait partout si je voulais voir la maison de Catinat ; ce nom me parut populaire, et chacun mit une certaine complaisance à me montrer la demeure presque intacte d'un guerrier pour lequel les habitans de ce village paraissaient avoir conservé de l'attachement et du respect. Il est difficile d'expliquer comment le peuple garde un sentiment de tradition, si je puis m'exprimer ainsi, pour tout ce qui est digne d'estime, mais surtout pour les personnes qui ont la fibre populaire. Catinat n'était pas noble, Catinat avait refusé l'honneur que Louis XIV voulait lui faire en le créant chevalier de ses ordres ; il avait dit à sa famille, qui le blâmait d'un tel refus : « *Eh bien, effacez-moi de votre généalogie !* » Les soldats l'appelaient *le père la pensée ;* il avait toujours refusé les pensions et les libéralités du grand monarque; il s'était retiré à Saint-Gratien, où il aimait à vivre avec les paysans, fuyant une gloire qui l'importunait. Tout cela, le peuple le sait, d'une manière confuse, mais il le sait parce que les soldats, les ouvriers, les gens du tiers-état de ce temps-là l'ont dit sur la place publique, l'ont raconté dans leurs foyers; et le peuple comprend et retient de pareilles traditions. Il y a des vieillards, à Saint-Gratien, dont les aïeux avaient connu Catinat, qu'ils appelaient *le bon maréchal*; or, ce mot *bon* est tout pour le peuple, tandis que les épithètes de spirituel, d'habile, de fin, le titre de grand seigneur font peu d'impression dans certaines classes, et parfois y inspirent même une sorte de défiance. Il n'y a que l'estime franchement méritée et les bienfaits qu'on pratique, qui peuvent se graver dans le souvenir des sociétés et des familles.

—

A Saint-Gratien, le comte de Luçay, préfet du palais, avait fait élever un grand édifice pour donner une fête à Napoléon. Il fallait faire quelque chose d'extraordinaire pour recevoir l'homme extraordinaire.

Les aigles de Charlemagne et de Napoléon, placés aux deux extrémités de la monarchie absolue, planeront toujours sous le ciel de la France, d'où ils ont menacé l'Europe.

—

Le village d'Eaubonne, qui se présente comme une gracieuse dépendance de Saint-Gratien, n'a ni les charmes du romantique Andilly, ni les belles et grandioses proportions du tableau qu'il complète. Il avait besoin de se recommander par quelque souvenir. En le visitant, je n'avais qu'une seule curiosité à satisfaire ; celle de voir la maison de madame d'Houdetot, qui avait été un des ornemens de la société, avant la révolution et même quelque temps après. Je vous dirai franchement que je suis du nombre de celles qui aiment beaucoup à s'aider de tout pour assister, par la pensée, à cette époque qui a précédé 89. Ces rapports intimes, ces coteries ambrées d'esprit, l'intérêt qu'on mettait à la correspondance épistolaire dont on faisait dans ce temps-là une affaire sérieuse, ces transactions *motivées* avec la conscience et avec le ciel, ces théories de piété qu'on ne supposait pas en désaccord avec d'autres sentimens ; ces compromis entre les fautes et les convenances, entre la vertu et l'entraînement, ce désir constant de mériter ou l'amitié ou l'amour des personnes qui jouissaient d'une célébrité littéraire ; ce commerce de sentences et de petites réparties à effet ; ces phrases élaborées qui, sans être indispensables pour donner le droit d'entrée dans *les galères du bel esprit*, tels que l'hôtel Rambouillet, celui de la duchesse du Maine, celui de la maréchale de Luxembourg, étaient cependant la préoccupation des membres de toutes ces réunions, où l'on tenait beaucoup à *souligner* le mot qu'on prononçait, pour qu'il fût répété, répandu, applaudi; ce parti d'opposition *quasi-frondeur*, qui avait les salons pour tribune, et qui empruntait, à la plaisanterie de Voltaire et, plus tard, au drapeau américain son langage et ses couleurs; ce genre de vie, enfin, qui, pour les femmes surtout, était alors d'une immense importance, tout cela, montré de nos jours en perspective comme le tableau lointain d'une société exceptionnelle, me paraît avoir un grand intérêt. L'histoire proprement dite de *la dame du salon* a été close à cette époque-là. Pendant le dix-huitième siècle, la physionomie des mœurs, des usages et des écrits modifiée à chaque nouveau règne, se montrait avec les nuances des changemens qu'elle subissait. Louis XIV avait laissé la haute société en partie sincèrement dévote, en partie hypocrite, mais tout entière spirituelle et élégante ; la Régence l'avait jetée en pâture à la dépravation ; de sorte que les mœurs influèrent sensiblement sur les idées. Sous Louis XV, tout avait pâli, excepté le vice ; et les hommes qui brillèrent à cette époque par leur talent et leur savoir, fatigués, pour la plupart, de l'incrédulité qui desséchait tous les sentimens généreux, embrassèrent, sous Louis XVI, la politique, pour se sauver des exigences du doute : échangeant ainsi le poison de l'ironie sceptique contre l'espérance d'un nouvel ordre social.

Tout ce vertige produit par le mélange des traditions du passé, qui avaient force d'habitude, avec les rêves d'un présent sans boussole et sans expérience, imprimait à la marche sociale, sous un monarque loyal, mais timide, résigné mais faible, un mouvement tellement irrégulier, qu'on vit bientôt se creuser le gouffre où tout devait s'engloutir. Au milieu de tant de péripéties morales qui se succédèrent jusqu'au commencement de la révolution, les coteries des gens d'esprit, les soupers chez les personnes qui les réunissaient, les hôtels où l'on se donnait le plaisir d'une causerie libre et piquante faisaient l'admiration et les délices des étrangers qui y étaient présentés.

Quoique madame d'Houdetot n'aspirât pas à une célébrité de salon, cependant, par ses rapports de famille, par son esprit, son amabilité, sa bonté, et son attachement pour Saint-Lambert, dont la conduite dans sa vieillesse lui fit dire, lorsqu'elle apprit sa mort : « J'ai perdu un ami; mais, depuis long-temps, je ne puis regretter que les soins que je lui ai donnés, » madame d'Houdetot, dis-je, était recherchée et fêtée par les personnes les plus distinguées de son temps. Ce fut dans cette maison d'Eaubonne, que je voulais visiter, et où madame d'Houdetot venait passer quelques mois d'été, que l'écrivain le plus éloquent de son temps donna prise aux plaisanteries de ses amis, par ses déclarations d'amour, dans lesquelles il avait (en réalité) l'allure timide d'un jeune écolier, et le langage d'un amoureux de romans sans conséquence.

Il est triste de penser que Jean-Jacques, qui prêchait les principes les plus sévères, souvent même les plus chrétiens, se conduisit, dans certaines occasions, au rebours de ce qu'il prêchait. Le marquis Caraccioli disait *que Rousseau se rinçait toujours la bouche avec le mot vertu sans jamais en avaler une goutte.* Ce mot est peut-être un peu exagéré, mais on peut dire que cet homme, qui aurait pu être toujours très considéré et très estimé, agissait parfois de manière à être plaint tout en étant admiré dans ses ouvrages. Il lui arrivait, quoique rarement, de se trouver, non seulement par ses actions, mais par ses écrits, en contradiction avec ses maximes et ses doctrines. De là le sort d'être cité par les incrédules, aussi bien que par les bons croyans ; par les pères dénaturés, aussi bien que par les mères tendres ; par les législateurs sages et prudens, de même que par les novateurs et les utopistes de tous les pays ! Ceux qui ont du génie comme Jean-Jacques croient pouvoir se passer de surveiller leur conduite, et de la mettre en harmonie avec leur intelligence. Cette pernicieuse erreur peut affaiblir l'importance de leurs écrits, si elle ne ternit pas l'éclat de leurs facultés intellectuelles. Le génie est un blason plus illustre qne tous les autres, mais qui, par cela même, impose des devoirs sévères à remplir, pour ne pas être profané et avili.

J'étais à Eaubonne depuis plus d'un quart d'heure ; j'avais prié tous ceux que je rencontrais de m'indiquer la maison de madame d'Houdetot ; personne, personne, à la lettre, ne savait ce que je voulais dire ; et j'étais étonné de me voir le seul qui, dans ce lieu, eût connaissance de l'ancienne demeure d'une dame qui avait droit à ce qu'on lui conservât quelque souvenir. Il y avait autrefois parmi les gens du peuple une mémoire chronologique qui ne leur faisait jamais défaut; les pères et les grands-pères léguaient à leurs enfans les noms et les faits qui se succédaient sans interruption, et qui conservaient l'héritage de l'admiration et du respect pour certaines personnes et pour certains événemens. La révolution, voulant en finir avec tout ce qui l'avait précédée, a fait boire l'eau du Léthé à la génération qu'elle a saisie; elle a brisé la chaîne qui liait les noms, les lieux et les événemens; et lorsqu'on recommença à raconter le passé, il y avait une nouvelle Iliade qui dominait tout.

Une gouvernante allemande, qui accompagnait un enfant, et à laquelle, en désespoir de cause, je m'étais adressée, ne comprenant pas bien le nom de madame d'Houdetot, et le confondant heureusement avec celui de Pérignon, m'indiqua le parc et la maison, qui sont maintenant la propriété de cette dame, mais qui étaient justement ceux que je cherchais, comme je l'appris ensuite. Ne voulant pas donner à ma curiosité le caractère de l'importunité, je me contentai d'admirer, du dehors, un très bel étang, entouré d'un gazon, qui pourait figurer dant les idylles britanniques. Des bouquets d'arbres se groupaient autour de la maison, dont la façade me parut très belle; quantité de vieux tilleuls, mêlés à des acacias et à des saules-pleureurs, rendaient très riche l'enceinte du parc. C'est tout ce que j'ai pu voir, et j'ai pensé que c'était assez pour faire connaissance avec ce lieu, et me dispenser des frais d'imagination. Si ces arbres pouvaient nous raconter les éloquentes folies du grand rêveur de l'Ermitage, on aurait le sujet de quelque belle légende qui serait pourtant privée de l'avantage d'être assez éloignée de notre temps pour prélever l'impôt sur la crédulité naïve.

Je vous fais grâce, chère princesse, de certains noms et de certains endroits qui fatigueraient votre résignation à lire ma longue lettre. Je vous dirai seulement un mot sur ce château d'Ecouen dont vous avez peut-être entendu parler par quelques unes de vos connaissances qui y ont été élevées.

D'un des points les plus élevés de

Montmorency, je distinguais les hautes cheminées du château d'Ecouen ; il avait par conséquent droit à ma visite, je m'y rendis.

Ecouen me parut un grand seigneur qui a perdu tout l'éclat de son rang. Morne et silencieux comme un tombeau, vous lui cherchez en vain une physionomie, vous ne lui en trouvez aucune. Dans les plafonds en bois, on voit encore les épées croisées d'Anne de Montmorency ; autour de ces murs, qui, malgré leur triste nudité, témoignent encore de leur ancienne splendeur, se relèvent partout les armoiries du grand Condé ; sur la porte principale, au milieu de la grande façade, au dessus de l'horloge, dans les endroits enfin qui dominent le château, apparaît l'aigle de Napoléon! Il y a à Ecouen des reliques pour tous les cultes, des souvenirs pour tous les sentimens, des emblèmes pour tous les regrets. De tels monumens sont des livres d'histoire, ce sont des sermons éloquens qui témoignent des ébranlemens de l'édifice humain, élevé par cette puissance éphémère qui fait oublier à l'homme son principe et sa fin! Ce qui a disparu entièrement des salons du palais d'Ecouen, ce sont les souvenirs de toutes ces jeunes beautés qui avaient si bien remplacé les prestiges de l'ancienne gloire. Le bois qui environne le château s'harmonie avec la tristesse et la nudité de ce grand monument, et tous les deux semblent porter le deuil du passé.

Pour seconder les goûts des héros du seizième siècle, les artistes avaient puisé les sujets de leurs fresques galantes dans la mythologie. Madame Campan, sans être vandale, ordonna aux maçons de rendre chastes les peintures de la bonne école. La tunique de plâtre sauva le scandale, sans peut-être guérir la curiosité des élèves.

Le château d'Ecouen, ouvrage de Jean Bullau, donne l'idée d'une forteresse et d'un couvent en même temps : puissance et austérité, orgueil et modestie. Le grandiose de l'architecture de ce temps-là symbolisait la lutte sociale de l'époque ; et je conçois parfaitement que Napoléon, tout bien calculé, l'eût choisi pour en faire un lieu d'éducation.

De nos jours, où l'on se préoccupe avant tout de soulager les misères, de cultiver les facultés intellectuelles et d'effacer des murs de chaque ville les deux mots *ignorance*, *indigence*, qui s'inscrivaient partout à côté de ceux de *richesse* et *privilége*, le château d'Ecouen paraîtrait propre à quelque grande œuvre de bienfaisance, à quelque bel établissement de charité, tel qu'il s'en élève tous les jours par la sollicitude du gouvernement, par la protection de la famille royale, par le zèle des sociétés philanthropiques et des riches particuliers. C'est ainsi que cet édifice, qui a servi autrefois à l'éclat exclusif de la grandeur, et qui, après avoir été profané par les abus du pouvoir féodal et par ceux des plaisirs s'est purifié et rajeuni, il n'y a pas long-temps, au gracieux contact d'une jeunesse prodigue d'espérances, riche d'avenir, d'une jeunesse qui ignorait les souffrances du pauvre et les misères de l'humanité; c'est ainsi, dis-je, que cet édifice, changeant les emblèmes qui l'ont successivement décoré, élèverait à leur place le symbole de la loi chrétienne qui serait là comme un signe d'expiation pour le passé et comme le glorieux cachet de notre époque.

———

Je suis retournée à Montmorency, d'où j'ai pu mieux juger les impressions que j'emportais de mes visites de congé, dont je vous fais part dans cette lettre. Ces souvenirs ne sont pas importans par eux-mêmes, mais ils le sont encore pour des lieux qui ne peuvent pas dire, comme un jeune auteur italien qui à tort s'est écrié à propos de l'Italie : « Si vous nous enlevez nos souvenirs, que pourrons-nous montrer aux étrangers ? » Ce mot, j'ose l'affirmer, est une étourderie de jeune homme ; je dirai même que c'est une apostasie de son esprit quant à la nature et au ciel de l'Italie : peut-être, c'en est une aussi par rapport aux progrès dont l'Italie a donné autrefois le signal, et dont maintenant elle suit l'impulsion imprimée par l'Angleterre et la France.

Si les souvenirs de Montmorency et des villages qui l'environnent ne sont pas la partie la plus intéressante de ce qui regarde ce pays, la richesse des tableaux encadrés dans un vaste horizon, cette imcomparable vallée, qui donne le baptême à tous ces lieux, cette forêt prestigieuse, qu'on ne saurait quitter sans regrets, justifient du moins le mot de Saint-Lambert : « *qu'en les voyant on est forcé, non seulement d'admirer la nature, mais de l'aimer.* »

—

J'ai rempli, chère amie, ma promesse. Je vous ai écrit régulièrement, et je ne vous ai fait grâce d'aucun détail sur les objets qui m'ont intéressée pendant mon séjour à Montmorency ; je vous ai même fait part de toutes mes observations, dont peut-être vous vous seriez bien passée, et avec une scrupuleuse exactitude j'ai achevé mon *compte-rendu*. Maintenant que je rentre en ville, je n'aurai rien de nouveau à vous dire; les *routs,* les bals, les concerts, les réceptions des ministres, les soirées des ambassadeurs ont la même physionomie partout; et ces plaisirs et ces devoirs de société, ainsi qu'on les appelle, sont condamnés à la monotonie de l'effet. Quant aux discours qui se prononcent à la tribune des chambres législatives et au palais de l'Institut, les journaux vous en rendent un compte beaucoup plus exact et plus étendu qu'on ne pourrait le faire dans une correspondance intime; et pour ce qui regarde la politique, elle ne saurait être le sujet des lettres qu'une dame adresse à une autre; dans ma position, ce serait là une prétention qui toucherait de près au ridicule. Il y a des exceptions, je le sais, mais je les respecte et ne saurais les imiter... Maintenant donc, nous changerons de rôle. Je vais me taire, et j'attendrai que vous me donniez fréquemment des nouvelles de la Sicile, et surtout de Palerme et de l'Olivuzza, où je sais que l'on fait beaucoup de bien, où la charité, drapée du manteau royal, donne à la bienfaisance ce caractère auguste qui représente la mission évangélique. Il paraît que l'impératrice de Russie, sous ce climat qui lui transmet le souffle des anges pour rendre grâce au ciel de la guérison de ses maux, éprouve le besoin d'associer la voix des pauvres à la sienne, afin que les bénédictions qui partent de son cœur reconnaissant parviennent là-haut avec les vœux des malheureux soulagés par elle... Parlez-moi, je vous prie, de ces actes dont nous avons tant d'exemples ici à Paris, et qui ajoutent tant d'éclat à un diadème ; parlez-moi de tout ce qui peut faire apprécier les sentimens d'humanité dans les êtres qui sont destinés à régler le sort des peuples, et qui en assument la responsabilité ; parlez-moi, chère amie, du roi de Naples, dont je sais que le cœur sympathise avec le bien, et dont l'esprit devine tout ce qui peut être avantageux à son pays, accord heureux entre ses facultés morales et son intelligence.

Je vous dirai que j'ai été témoin, moi-même, d'un fait qui regarde ce prince et qui m'a bien touchée. J'aime à vous le raconter, car je suis sûre que vous l'ignorez comme tant d'autres l'ignorent.

Je me trouvais un jour à *Castellamare* (il y aura deux ans au mois de juin prochain); je descendais de *Quisisana* pour me trouver à l'heure du départ du chemin de fer, pour Naples. De loin j'aperçus la calèche du roi montant au pas la colline qui domine un horizon qu'on peut regarder comme la plus belle poésie de la nature. Je me hâtai alors de prendre un sentier à droite pour sauver ma vanité, qui me défendait de me montrer dans la triste allure d'une amazone chevauchant sur un âne; mais je m'arrêtai derrière une broussaille pour voir passer le roi. Presqu'à côté de la calèche de Sa

Majesté, j'aperçus, gravissant la montée avec bien de la peine, le pauvre sacristain de *Santa-Maria a Cappella*, que je connaissais, parce que j'habitais le *Palais Caramanica*. Cet infortuné était boiteux et faisait de grands efforts pour hâter son pas et parvenir au château, où il avait l'espoir de présenter une pétition à Sa Majesté. Le roi, apercevant ce pauvre homme tout essoufflé, fit arrêter ses chevaux ; et, après l'avoir invité d'un geste à approcher, il lui dit : *Venez, monsieur l'abbé, dans ma voiture; vous ne pouvez pas faire cette montée à pied.* Le sacristain n'en croyait pas ses oreilles ; mais lorsqu'on ouvrit la portière pour le faire monter, force lui fut d'obéir ; et le roi, pour calmer son trouble, commença à lui parler de la manière la plus aimable, et là seulement je cessai d'être temoin de la scène que je raconte. Dès qu'on fut à la grille de Quisisana, le roi dit au sacristain : *Maintenant, vous pouvez descendre* ; et il ajouta en lui donnant quelque argent : *Je vous prie de ne parler à personne de notre rencontre.* Deux jours après cette aventure, *D. Michiele F.....* était dans ma chambre. Sachant que je m'intéressais à son sort, il venait me faire part de son bonheur : il avait obtenu de Sa Majesté plus que le petit secours qu'il lui avait demandé pour entrer dans les ordres. Voyant que l'abbé ne me parlait pas de ce qui lui était arrivé sur la colline de *Quisisana*, je lui demandai s'il n'avait rien autre chose d'intéressant à m'apprendre. Étonné, mais ne soupçonnant pas que je pouvais connaître une aventure dont il n'avait fait la confidence à personne, il me demanda pourquoi je lui adressais cette question; et lorsque, à sa grande surprise, il apprit que j'avais été témoin de sa rencontre avec le roi et que je l'avais vu monter dans la calèche de Sa Majesté, il me raconta, les larmes aux yeux, toutes les bontés qu'elle avait eues pour lui.

Après m'avoir fait le récit en détail, *et très en détail*, de ce que j'avais vu et de ce que j'ignorais, après m'avoir répété plusieurs fois ce qu'il m'avait déjà raconté, *D. Michiele F.....* me recommanda fortement de ne révéler à personne ce qui s'était passé, pour obéir à l'ordre de Sa Majesté. Je le lui promis ; mais c'est pour la seconde fois que je manque à ma promesse, et que je cède au désir, bien naturel d'ailleurs, de faire connaître un trait qui témoigne d'une manière si gracieuse de la bonté d'un prince.

Si jamais, chère amie, vous trouvant à Naples, vous allez à *Santa-Maria a Cappella*, interrogez l'*abbé D. Michiele F.....* sur ce que je viens de vous écrire, et dites-lui que je n'ai pas de remords de vous avoir fait part de son aventure à Quisisana... Ce jour-là sera bien cher à mon souvenir.

FIN.

www.ingramcontent.com/pod-product-compliance
Lightning Source LLC
Chambersburg PA
CBHW060326170426
43202CB00014B/2683